드와이트 무디

드와이트 무디

지은이 김학중
펴낸이 안용백
펴낸곳 (주)넥서스

초판 1쇄 인쇄 2011년 3월 10일
초판 1쇄 발행 2011년 3월 15일

출판신고 1992년 4월 3일 제311-2002-2호
121-840 서울시 마포구 서교동 394-2
Tel (02)330-5500 Fax (02)330-5555
ISBN 978-89-6000-839-7 03230
       978-89-6000-585-3 (세트)

저자와 출판사의 허락 없이 내용의 일부를 인용하거나
발췌하는 것을 금합니다.

저자와의 협의에 따라서 인지는 붙이지 않습니다.

가격은 뒤표지에 있습니다.
잘못 만들어진 책은 구입처에서 바꾸어 드립니다.

www.nexusbook.com
넥서스CROSS는 (주)넥서스의 기독 브랜드입니다.

하나님이 택하신 평신도 전도왕

드와이트 무디

김학중 지음

넥서스CROSS

머리말

한 알의 밀알이 땅에 떨어져 죽으면 많은 열매를 맺는다는 것이 성경의 중요한 가르침이다. 눈물로 씨를 뿌린 사람들은 반드시 열매를 맺게 되는 것이 진리이고 법칙이다. 이 한 알의 밀알에 해당하는 믿음의 거장들의 감동적인 이야기를 풀어놓고 싶다는 생각이 들었다.

사람들은 위인들의 업적만을 놓고 판단하기에 그러한 열매를 맺기까지의 어려운 과정들은 간과하기 쉽다. 그래서 그 험난한 과정을 인간미 넘치는 필치로 담고 싶었다.

믿지 않는 사람들에게 복음을 전하면, 복음을 거부하면서 하는 여러 가지 말이 있다. 그중 한 가지는 '복음이 까칠하다'는 것이다. 왜 그렇게 여길까? 복음을 단지 이론으로, 건조한 이야기로 생각하기 때문이다. 또는 결과만을 놓고 이야기해서 그 과정을 모르기 때문이다. 과정을 아는 것은 참으로 중요하다. 복음을 따라 살아온 믿음의 거장들의 이야기를 접한다면 이 땅의 많은 사람이 분명히 하나님께로 돌아오리라 생각한다.

일반적으로 위인전은 위인을 미화하는 경향이 있다. 태어날 때 특별한 태몽이 있든지, 성장기가 남달랐다든지 등 일반적인 것부터 지극히 세세한 것까지 미화한다.

그러나 믿음의 거장들의 이야기를 하면서 결코 특정한 인물을 미화하지는 않을 것이다. 사람 냄새 나는 그들의 삶을 이야기할 것이다. 복음이 그들의 삶에 어떤 영향을 끼쳤는지 깊게 살펴볼 것이다.

나아가 이 책이 독자로 하여금 공감대를 형성하고 인생

의 지표를 확립하는 데 도움을 줄 것이라고 생각한다.

믿음의 거장들에 대한 정직한 묘사를 통해 우리가 배워야 할 것을 독자 스스로 발견하기를 기대한다. 거장 한 사람의 위대함은 곧 전능하신 하나님의 위대함이라는 사실을 그들의 일대기를 통해 공유하고자 한다. 또한 하나님은 우리의 연약한 모습에도 불구하고 우리를 사용하신다는 사실을 알리고 싶다.

믿음의 거장들의 이야기를 통해 감히 전능하신 하나님 앞에 설 수 있는 나 자신을 발견하기를 기대해본다. 인생에서 실패했다고 위축될 것 없고 승리했다고 자만할 것 없다. 실패했다고 해서 다시는 기회가 없는 것도 아니고 성공했다고 해서 그것이 내 힘으로만 된 것도 아니기 때문이다.

이제 믿음의 거장들의 실패와 성공을 통해 평범한 사람들을 회복시키시는 하나님의 모습을 살펴보자.

김학중

차례

머리말 _04
생애 개관 _10

1장 혹독하게 가난했던 어린 시절
홀어머니 아래서 받은 신앙 교육 _19
말썽꾸러기였던 학창 시절 _23
학업을 포기하고 생활 전선에 나서다 _25

2장 보스턴 구두 판매원의 회심
보스턴에서 성공을 꿈꾸다 _31
주일학교에 참석하다 _34
인격적으로 복음을 영접하다 _37

3장 부흥의 불씨를 지피다
자원하여 맡은 주일학교 교사 _45
노스 마켓 주일학교의 부흥 _49
평신도에서 전임 사역자로 _53
설교자로 강단에 서다 _60
군 선교와 YMCA 사역 _65
영국을 방문하여 큰 감명을 받다 _69
평생의 동역자, 생키와의 만남 _75

4장 수많은 영혼을 감동시킨 설교자

시카고 대화재와 성령의 불 _83
성공적인 영국 부흥 사역 _91
귀국 후의 부흥 운동 _100
교육 사역에 매진하다 _107
대학생 부흥 사역 _114
성지에서의 휴가 _120
해상에서 만난 죽음의 위험 _125
만국박람회를 통한 복음 전도 _130

5장 평생 복음을 선포하다

마지막 순간까지 설교하라 _139
위대한 설교자의 부고 _144

생애 연보 _146
참고문헌 _149

∽ 생애 개관

19세기 위대한 복음 전도자 드와이트 라이먼 무디는 미국 매사추세츠 주의 노스필드에서 아버지 에드윈과 어머니 베시 사이의 아홉 자녀 중 여섯 번째로 태어났다. 무디가 네 살 때 부친이 병으로 세상을 떠나고 청교도 신앙을 지닌 어머니 밑에서 깊은 신앙의 영향을 받으며 자랐다. 그러나 어려운 가정 형편으로 인해 무디는 13세에 학교 교육을 중단하게 되었다. 이렇게 어려웠던 어린 시절, 무디는 비록 어머니의 손에 이끌린 것이었지만 교회의 주일학교는 출석하였다.

그러다가 17세 때 보스턴에 있는 홀튼 양화점에서 일하게 되었다. 그곳에서 삼촌에 의해 교회에 나가게 됐고 그 교회에서 에드워드 킴볼이란 교사를 만난다. 킴볼은 꾸준히 무디를 찾아가 1년이 넘게 그리스도의 사랑과 보혈에 대한 말씀을 가르쳐주었다. 그러던 중 무디는 킴볼 교사를 통해 하나님의 사랑을 깨닫게 된다.

1856년, 19세가 된 무디는 시카고로 떠났다. 구둣가게에서 일하며 그는 부랑아들을 교회로 데려왔다. 그 교회학교는 점점 커져서 출석 인원이 1,500명이 넘었다. 그러자 그는 1860년 6월에 이르러 전도 사역에 모든 시간을 바치기 위해 사업을 정리했다.

1862년 무디는 엠마와 결혼하여 화목한 가정생활을 했다. 그리고 1863년, 주일학교를 중심으로 일리노이 스트리트 교회를 세웠다. 또한 무디는 남북전쟁 기간 동안 YMCA 간부로 군인들을 전도하였다. 그리고 남북전쟁이 끝나자 다시 시카고로 돌아와 청년운동에 진력했다.

그런데 1871년 10월 8일, '시카고 대화재'가 일어나 무디가 설립한 교회당과 교회학교가 잿더미가 되었다. 그러나 부흥사 무디의 소명은 영국 부흥회를 통하여 놀랍게 일어나기 시작했다. 무디는 1867년에 영국을 처음으로 방문하는데, 그 목적은 존경하던 설교자 스펄전과 기도의 사람

조지 뮬러를 만나고 싶어서였다. 무디는 찰스 스펄전 목사의 설교를 듣고 자신의 부족함을 더욱 깨달아 "주여 가르쳐주옵소서"라고 하나님께 간곡하게 기도드렸다.

그리고 무디는 영국의 청소년 설교가 헨리 무어하우스를 자기 교회에 초청하여 6일 동안 집회를 가졌다. 무어하우스는 요한복음 3장 16절의 주제로 일주일 동안 하나님의 사랑에 대한 설교를 계속하였다. 무디는 이 설교가를 통하여 말씀의 무한한 깊이를 알게 되었고, 그 후 말씀을 깊이 연구하려고 매일 새벽 4시면 일어나 성경을 연구하게 되었다. 그리고 하나님께서는 죄인을 심판하시는 하나님이 아니라 하나님께 돌아오는 자를 사랑하시는 분이심을 깨닫게 되었다.

무디는 1차 영국 방문을 마친 1870년, 인디애나폴리스에서 열린 YMCA 국제집회 때에 성악가 생키를 만나 그와 함께 평생을 동역하게 되었다. 무디의 두 번째 영국 방문은

1872년 6월에 이루어졌다. 집회 때마다 예상을 뒤엎고 수많은 사람들이 결단하고 주님께 돌아옴으로써 영국 전역에 초대교회와 같은 성령의 역사가 일어났다. 무디의 세 번째 영국 방문은 1873년과 1875년 사이에 있었다. 1873년 6월 17일부터 요크 지방 부흥 집회를 시작으로 5주간 계속되었는데, 역시 큰 부흥의 불길이 요크에서부터 불기 시작하였다.

그 후 에든버러의 뉴캐슬 집회가 3개월 동안 계속되었고 부흥의 불길은 에든버러 전역에 미쳤다. 또한 글래스고 부흥 집회에서 마지막 주일 저녁에는 5만여 명이 회집하였다. 그후 런던에서의 집회는 1875년 3월 9일에서 7월 12일까지 4개월 이상 계속되었고 부흥은 세계적인 뉴스거리가 되었다. 영국에서는 무디를 통하여 복음주의의 부흥이 일어났다고 해도 과언이 아니었다. 그리고 주님을 떠났던 수많은 사람들이 회심하여 돌아왔다.

1875년 11월, 무디는 미국에서의 부흥회를 고향에서부터 시작했다. 그 후 뉴욕 집회는 1876년 2월 7일에 개회하여 4월 19일까지 매일 7~8천 명의 군중이 성령충만한 가운데 진행되었다. 그리고 1876년 10월 시카고, 보스턴과 미국 전역을 순회하며 짧게는 몇 주에서 길게는 몇 달에 걸쳐 1881년까지 진행되었다. 또한 무디는 대학생들을 위한 학생자원운동을 일으켜 수많은 젊은이들이 세계 선교를 위해 헌신케 했다.

무디는 1893년 시카고 만국박람회 기간에 부흥 집회를 갖기 위하여 영국을 비롯한 각국으로부터 100명 이상의 목사를 강사로 초청하여 수많은 사람들이 예수를 구주로 영접하게 했다.

그리고 1895년에는 시카고에 기독교서회를 설립하여 성서와 찬송가, 기독교 서적을 보급하였다. 주님을 향한 열정으로 최후까지 충성하던 무디는 미주리 주 캔자스시티에서 일주일 동안 집회를 이끄는 동안 건강이 악화되어 1899년 11월 8일 고향 노스필드로 갔다. 그리고 그해 12월 22일 주님의 품에 안겼다.

1장

혹독하게 가난했던 어린 시절

홀어머니 아래서 받은 신앙 교육

드와이트 라이먼 무디Dwight Lyman Moody의 어린 시절은 결코 행복하지 않았다. 더구나 아버지의 갑작스러운 죽음으로 희망도 미래도 없는, 가난과 고통에 찌든 암울한 어린 시절이었다.

무디는 1837년 2월 5일 매사추세츠 주州의 노스필드Northfield에서 석공石工이었던 아버지 에드윈 무디Edwin Moody와 독실한 청교도였던 어머니 베시 홀튼Betsy Holton 사이에서 여섯 번째 자녀로 태어났다. 무디 위로는 모두 남자 형제뿐이었지만, 얼마 뒤 소중한 여동생도 생겼다.

비록 가산이 넉넉하지는 않았지만, 아버지는 열심히 일해 가족들을 부양했다. 하지만 무디가 네 살이 되던 1841년 5월 28일, 아버지는 채석장에서 몸을 굽히다가 갑자기 가슴과 옆구리에 심한 통증을 느껴 가까스로 집에 돌아왔다. 그리고 작업장에서 돌아온 아버지는 옆구리를 움켜쥐고 침대에 쓰러졌다. 그러나 이미 뱃속에 쌍둥이를 임신한 지 8개월이 넘은 어머니가 놀라 의사를 부를 틈도 없이, 아버지는 침대 옆에서 기도하는 모습으로 무릎을 꿇은 채 숨을 거두었다.

갑자기 세상을 떠난 아버지가 가족에게 남긴 것은 엄청난 부채와 가난이었다. 아버지가 돌아가실 당시, 무디의 가정은 이미 파산 상태였으며, 그들을 도와줄 친척들도 마땅히 없었다. 빚쟁이들은 집으로 몰려와 쓸 만한 것은 불쏘시개까지 다 가져가버렸다. 아버지의 임종 당시 아들이 6명이었지만 장남이 13세에 불과해서, 집안 경제에 큰 도움을 줄 수가 없었다. 게다가 아버지가 돌아가신 지 한 달 후에는 남녀 쌍둥이까지 태어나 모두 9명의 자녀를 양육해야 하는 엄청난 짐이 30대 중반에 과부가 된 어머니에게 떨어졌다.

하지만 무디의 어머니는 완고할 정도로 강했다. 주위 사람들이 자녀들 중 몇 명을 다른 곳에 위탁하라고 아무리 권

면해도, 그녀는 말을 듣지 않았다. 추운 겨울이면 땔감이 없어 서로의 체온을 의지하고 버텨야 할 만큼 가난했지만, 어머니는 자녀들에게 결코 약한 모습을 보여주지 않았다. 남편이 죽은 직후에는 매일 밤을 눈물로 지새웠지만, 자녀들에게는 항상 해맑은 미소를 보여주었다. 그토록 억척스럽고 강인한 어머니의 양육 아래, 무디의 형제들은 한 사람도 범죄자나 낙오자로 전락하지 않았다. 오히려 틈만 나면 열심히 일해 돈을 벌면서도 공부를 게을리하지 않았다.

또한 무디의 어머니는 자녀들을 철저하게 신앙으로 교육하였다. 무디의 가정은 토요일 해질녘부터 주일 저녁까지 안식일을 엄격하게 준수했고, 모든 식구는 매주일 무조건 집에서 2km 떨어진 교회에 출석해야만 했다. 그들이 출석하던 교회의 에버렛Everett 목사님은 무디의 집안을 친절하게 도와주었지만, 무디의 형제들은 교회의 주일예배 침석을 끔찍하게 싫어했다. 왜냐하면 예배가 너무 지루하고, 목사님의 설교는 이해하기 어려웠기 때문이다. 그렇지만 주일예배 참여는 결코 타협의 대상이 아니었다.

무디의 가정에는 성경 한 권과 경건서적 한 권이 전부였다. 무디의 가정에서는 매일 성경을 읽었으며, 어머니는 그들이 하나님의 말씀에 따라 엄격하게 살아야 하며, 특히 한 번 말한 것은 반드시 지켜야 한다고 가르쳤다. 무디는 한평생 그때의 기억을 간직했다.

특히 어머니는 자녀들에게 기도의 중요성을 강조하였는데, 무디는 어머니의 말을 그다지 신뢰하지 않았다. 하지만 그가 여섯 살이 되었을 때, 담장에 깔리는 사고가 벌어졌는데 주위에 도움을 요청할 사람이 아무도 없었다. 결국 그는 하나님께 간절히 기도하게 되었고, 그 자리를 스스로 떨치고 일어설 수 있었다. 그는 확실한 기도 응답의 체험을 하게 되었다.

말썽꾸러기였던 학창 시절

비록 가정 형편 때문에 많이 배우지는 못했지만, 무디는 어려서부터 남다른 유머 감각과 지도력을 보여주었다. 그는 어려운 상황에 부딪혀도 절대 기죽지 않고, 오히려 대담하게 위기를 돌파해나가는 능력을 보여주었다. 그가 학교 발표회 때, 로마황제 시저의 관 속에 고양이를 몰래 숨겨놓았다가 청중에게 큰 놀라움을 준 일화는, 그가 청중을 사로잡는 천부적인 능력을 갖추고 있었음을 보여준다.

하지만 항상 기발한 생각으로 주위 사람들에게 놀라움과 기쁨을 선사했던 것만은 아니었다. 그는 많은 말썽거리에 앞장섰던 개구쟁이로, 어른들에게 적잖은 고민거리를 만들어주었기 때문이다.

한 예로, 무디가 한 지역 유지有志의 서명을 위조하여 학교에서 큰 강연이 열린다는 광고를 내다 붙이는 바람에, 수

많은 인파가 학교로 몰리는 사건이 발생했다. 이 사건으로 학교는 뒷감당하느라 매우 난처한 상황에 봉착하고 말았다. 심증은 있지만 물증이 없는 상황에서, 학교 측은 이러지도 저러지도 못하고 청중들에게 고개 숙여 사과할 수밖에 없었다.

그런 개구쟁이 무디가 학교생활에 적응할 수 있었던 것은 한 여교사의 관심과 노력 덕분이었다. 그녀는 평소에 항상 기도로 수업을 시작하고, 학생들에게 체벌을 가하지 않았다. 무디가 말썽부리는 일에 앞장서서 징계를 받아야 했던 그 순간에도, 매를 들기보다는 조용히 무디를 타일렀다.

"나는 너를 정말 사랑한단다. 나는 사랑하는 무디를 때리고 싶지 않아. 무디는 선생님을 사랑하지 않니?"

마침내 말썽꾸러기 무디는 선생님의 사랑에 무릎을 꿇었고 선생님 말씀을 잘 따르는 모범생이 되었다.

학업을 포기하고 생활 전선에 나서다

그런 학교생활도 오래갈 수 없었다. 무디가 여덟 살 되던 해, 그는 집에서 30km 정도 떨어진 그린필드Greenfield에서 일하던 조지George 형과 함께 살게 되었기 때문이다. 집에서 떠나오던 날, 무디는 속절없이 흐르는 눈물을 멈출 수가 없었다. 그린필드에 도착한 무디는 곧 일을 하게 되었는데, 까다로운 노부부 집에서 젖소들의 젖을 짜는 일이었다. 안 그래도 집을 그리워하던 무디는 그 집에서 한 시간도 못 버티고 형을 졸라댔다.

"형, 나 집에 갈래. 여기서는 도저히 못 견디겠어."

"아니야, 며칠만 더 견디면 괜찮아질 거야."

"싫어, 난 당장 집으로 돌아갈 테야!"

조지 형이 어떻게든 무디를 달래보려고 했지만, 무디는 눈물을 쏟으며 고집을 굽히지 않았다. 그때 마침 한 노인이 그들을 향해 걸어오고 있었다. 조지 형은 다정한 말투로 무디에게 말했다.

"무디야, 아마 저분이 너에게 1센트를 주실 거야. 저분은 이 도시에 처음 온 아이에게는 반드시 1센트를 선물로 주시거든."

무디는 얼른 얼굴에서 눈물을 훔치고 그 노인에게 다가갔다. 그 노인은 밝고 명랑한 미소를 지으며 말했다.

"이 도시에 처음 온 아이로구나."

그 노인은 무디의 머리를 쓰다듬으며, 하나님께서 독생자 예수님을 이 땅에 보내셨는데, 그분은 바로 무디를 위해 십자가에서 돌아가셨다고 말했다. 약 5분 정도 이어진 노인의 말은 무디의 마음을 완전히 사로잡았다. 짤막한 이야기 후에, 노인에게서 1센트를 선물로 받은 무디는 큰 부자가 된 느낌이 들었으며, 그 순간의 감동을 평생 동안 마음 깊이 간직했다.

목사님과 어머니로부터 귀에 못이 박히도록 듣던 복음이 비로소 무디의 마음에 살아 있는 하나님의 말씀으로 부딪힌 사건이었다. 무디는 노년이 된 후 그때의 일을 회상하면서 그 감동 어린 1센트를 잃어버린 것을 무척이나 아쉬워했다.

2장

보스턴 구두 판매원의 회심

보스턴에서 성공을 꿈꾸다

무디가 사춘기를 지나면서 노스필드라는 작은 촌은 너무 답답하게 느껴졌다. 무디는 큰 도시로 나가 새로운 것을 경험하며 '성공'이라는 것을 해보고 싶었다.

1854년, 17세가 되던 해의 봄에 무디는 두 삼촌, 사무엘 소크라테스Samuel Socrates와 레무엘 홀튼Lemuel Holton이 각각 제화점을 운영하고 있는 보스턴을 향해 떠났다. 하지만 사무엘 삼촌은 무작정 자신을 찾아와 일자리를 구하는 무디를 받아주지 않았다. 레무엘 삼촌은 사무엘 삼촌보다는 훨씬 따뜻하게 무디를 맞아주었지만, 무디가 일자리를 얻는 데는 별다른 도움을 줄 수가 없었다.

두 삼촌에게 크게 실망한 무디는 뉴욕으로 가려는 생각도 해보았지만, 그것조차도 결코 쉽지 않음을 깨달았다. 그래서 그는 한 형이 살고 있었던 클린턴으로 가서 상점 직원도 해보았으나 도저히 만족할 수가 없었다.

결국 무디는 다시 보스턴으로 돌아가 사무엘 삼촌에게 일자리를 요청했다. 탐탁지 않았지만, 사무엘 삼촌은 다음의 조건으로 무디를 채용했다.

첫째, 모르는 것은 질문할 것
둘째, 매주일 교회에 출석하고 주일학교에 참석할 것
셋째, 술과 도박을 하지 않을 것
넷째, 떳떳하지 못한 장소에 가지 말 것

무디는 삼촌이 제시한 조건을 흔쾌히 수락한 후에 삼촌의 제화점에서 일하기 시작했다. 얼마 지나지 않아 그는 천부적인 재치와 유머 감각을 기반으로 상인으로서의 탁월한 재능을 발휘하기 시작했다. 삼촌 가게의 판매고는 급격히 오르고, 무디는 매장의 판매를 책임지게 되었다. 하지만 학식이 짧았던 탓에 그의 부족한 교양과 투박한 언변은 그가 극복해야 할 커다란 장애로 남게 되었다. 특히 보스턴의 지적知的 분위기는 그를 더욱 주눅 들게 하였다. 그런 스트레스를 풀기 위해서였는지 몰라도, 무디는 어릴 적 말썽쟁이 기질을 다시 드러내기 시작했다. 매장 직원의 화를 끝까지 돋우는가 하면, 지나가던 행인을 몹시 놀라게도 하고, 심지어 보스턴에서 발생한 폭동에도 앞장섰다.

주일학교에 참석하다

그런 무디를 변화시킨 사람은 바로 주일학교 교사였다. 사무엘 삼촌과의 약속에 따라, 무디는 마운트 버논 회중교회에 출석하기 시작했다. 당시 그 교회는 에드워드 커크 Edward N. Kirk 박사가 이끌고 있었는데, 학식이 짧은 무디가 그의 수준 높은 설교를 감당하기에는 너무 벅찼다.

이렇게 구둣가게 종업원으로 성공가도를 달리게 된 무디는 사무엘 삼촌과의 약속도 잘 지켜나갔다. 주일에는 교회를 나가야 한다는 약속도 마찬가지였다. 물론 무디가 썩 마음에 들어한 것은 아니다. 하지만 무디에게 있어서 이 당시 교회를 나가는 것은 더 이상 선택의 여지가 아니었다. 자기가 교회를 나가지 않으면 그곳에서 일을 할 수 없었기 때문에 마지못해 교회를 나가기 시작하였다.

이렇게 무디는 억지로 교회를 나가기 시작했지만, 그곳

에서 무디는 예수 그리스도가 자신의 죄를 대신 짊어지시고 십자가에서 돌아가셨다는 사실을 알게 되면서 완전히 새로운 삶으로 거듭나게 되었다.

무디가 처음 교회 주일학교를 나가게 되었을 때에 약간의 소동이 일어났다. 무디라는 소년이 처음 교회를 나왔는데 그의 차림새부터 시작해서 약간은 소란스럽고 부산스러운 행동 하나하나가 주일학교 선생님들에게 걱정거리가 되었던 것이다. 이때에 무디는 에드워드 킴볼Edward Kimball이라는 주일학교 선생님을 만나게 되었다.

처음 무디가 주일학교에서 분반공부를 시작할 때에 다른 아이들은 무디를 흘겨보기 시작하였다. 어디서 이렇게 촌스러운 아이가 왔는지 아이들의 마음에 들지 않았던 것이다. 그리고 성경도 제대로 찾지 못하는 무디를 보면서 아이들은 점점 그를 무시하기 시작하였다.

하지만 분반을 맡았던 킴볼 선생님은 다른 아이들을 나무라면서 무디에게 관심을 보이며 친절하게 대해주었다. 무디가 아이들에게 따돌림을 당하는 것을 원치 않았던 선생님의 보이지 않는 배려였다. 무디는 그 배려를 느끼며 선생님을 존경하기 시작하였다. 선생님으로부터 어떤 성경적인 가르침을 받은 것도 아니었다. 그저 자신에게 베푸는 친절과 진심에서 우러나오는 선생님의 행동과 말투를 보면서 무디는 자신도 모르는 사이에 선생님을 존경하게 된 것이다.

인격적으로 복음을 영접하다

어느 날 킴볼 선생님은 무작정 무디가 일하는 구둣가게로 찾아갔다. 무디는 일하던 도중에 선생님을 발견하고는 깜짝 놀랐다. 주일학교 선생님이 자신이 일하는 곳까지 찾아올 것이라고는 미처 생각하지 못했기 때문이다. 그리고 킴볼 선생님의 갑작스러운 방문이 자신의 삶을 바꾸어놓을 것이라고는 아마 무디도 킴볼 선생님도 몰랐을 것이다. 하지만 킴볼 선생님의 방문은 무디가 예수 그리스도를 인격적으로 만나는 계기가 되었다.

시골에서 갓 올라와 촌스럽고 조금은 투박해 보이는 소년 무디에게 어느 누구도 관심을 갖지 않았지만, 킴볼 선생님은 무디를 처음 만났을 때부터 관심을 기울이기 시작하였다. 킴볼 선생님은 무디에게 성경을 차근차근 가르쳐주면서 '언젠가는 무디에게 체계적으로 복음을 전해야겠다'

라는 마음을 갖고 있었다. 하지만 좀처럼 그런 시간을 갖지 못했다. 그래서 선생님은 무디가 일하는 가게로 찾아간 것이다. 사실 연락도 없이 불쑥 찾아가는 것이 무디를 불편하게 만드는 것이 아닐까 걱정도 많이 했지만 킴볼 선생님은 하나님이 주신 마음이라 확신하고 무작정 무디가 일하는 가게로 찾아갔다.

킴볼 선생님이 방문하였을 때 무디는 매장에서 일하고 있지 않고 매장 뒤편에 있는 작은 골방에서 구두를 포장하는 일을 하고 있었다. 킴볼 선생님은 다른 사람에게 방해를 받지 않고 무디에게 복음을 전할 수 있는, 하나님이 주신 기회라 생각하였다.

킴볼 선생님은 무디에게 다가가서 편안하게 들을 수 있도록 분위기를 조성하였다. 무디는 킴볼 선생님의 갑작스러운 방문에 조금 당황하였지만 평소에 킴볼 선생님의 친절함에 감동받은 터라 아무 거리낌없이 골방에서 대화를 시작하였다.

킴볼 선생님은 다양한 성경말씀을 인용하면서, 인간은

모두 죄인이지만 하나님께서 인간을 너무나도 사랑하셔서 그분의 독생자 예수 그리스도를 보내주셨고, 그 예수 그리스도가 십자가를 지심으로 인해 우리가 구원을 얻었고 새 생명을 얻을 수 있다는 것을 차근차근 설명해주었다.

그래도 몇 주간 교회를 다니면서 한 번쯤은 들어보았을 만한 이야기였지만, 그 이야기가 무디에게 새로운 말씀으로 다가오고 있었다. 그리고 복음을 전하면서 눈물을 글썽이는 킴볼 선생님의 모습을 보면서 무디는 알 수 없는 감정에 휩싸였다.

'예수 그리스도라는 사람이 어떤 사람이기에 저 선생님은 이 이야기를 하면서 눈물을 글썽이는 것일까?'

무디는 의아하면서도 한편으로는 선생님의 이야기에 조금씩 빠져들기 시작하였다.

작은 골방에서의 짧은 대화였지만 이 시간을 통해서 무디는 예수 그리스도를 영접하게 되었고 구원을 받았다. 그때부터 무디의 마음속에는 수많은 질문이 생겨나기 시작하였다.

'왜 인간은 모두 죄인인가? 예수 그리스도는 어떤 분이신가? 예수 그리스도께서 이 땅에서 우리를 위해 하신 일은 무엇인가?'

무디에게 신앙의 본질적인 물음이 계속 일어나기 시작하였다.

그 이후에 무디는 마운트 버논 회중교회의 입교위원회 위원들 앞에서 공식적으로 입교인이 되는 절차를 밟게 되었다. 아직 신앙에 대해 잘 알지 못했던 무디는 위원들의 질문에 속시원히 대답하지 못했고 한 차례 연기된 이후에 조금은 뒤늦게 마운트 버논 회중교회의 입교인이 되었다. 그러면서 추후에 무디는 금요기도회에도 빠지지 않고 참석하는 등 신앙이 점점 성숙해지기 시작하였다.

그렇게 무디는 점점 보스턴의 생활에 적응하고 익숙해져 가고 있었다. 하지만 그런 생활 속에서 그는 권태기를 맞게 되었다. 보스턴에서의 생활이 좋으면서도 한편으로는 조금 답답하게 여겨지기도 하였다. 그럼에도 불구하고 사무엘 삼촌은 무디를 가게에서 일하게 하였다. 그리고 무디의 성장과정을 지켜보며 흐뭇하면서도 한편으로는 알 수 없는 불안감을 느끼기도 하였다.

3장

부흥의 불씨를 지피다

자원하여 맡은 주일학교 교사

스스로 이제는 보스턴을 떠날 때가 왔음을 직감한 무디는 19세가 되던 해에 보스턴을 떠나 시카고로 이사하게 되었다. 시카고의 역동적이고 활동적인 모습은 무디에게 강한 인상을 남겼다.

하지만 그는 대부분의 시카고 사람이 안식일을 제대로 지키지 않는 모습에 실망하였다. 그리고 이러한 시카고 사람들의 모습은 오히려 무디의 사역에 있어서 큰 동기부여를 가져다주었다.

무디가 시카고에 있으면서 출석하기 시작한 교회는 프리머스 회중교회였는데, 그 교회를 섬기면서 본격적으로 전도하며 교회 봉사에도 열심을 냈다. 하지만 그는 그 교회뿐만 아니라 교단을 초월하여 감리교, 침례교 등 모든 교단을 넘나들며 봉사를 실천하였다. 그래서 무디는 그 당시 제

일감리교회 청년들의 선교 모임에도 참석하였고, 주일 아침마다 호텔과 하숙집을 방문하여 소책자를 나누어주면서 사람들을 예배로 초대하는 일을 청년들과 함께했다.

무디의 열정은 거기서 그치지 않고 주일 오후에는 웰즈가Wells Street에 있는 조그마한 주일학교에서 봉사를 시작했고 얼마 지나지 않아 주일학교 부장님께 아이들 반 하나를 맡고 싶다고 제안했다.

총 16명의 아이들에게 12명의 교사가 있었기에 주일학교 부장은 별 기대 없이 무디가 스스로 아이들을 전도해서 한 개의 반을 만든다면 가능하다고 말했다. 그 일이 있었던 바로 그 주일, 무디는 전혀 신앙과는 거리가 멀어 보이는 18명의 아이들을 데리고 나타나서 주일학교 교사로서 사역을 시작할 수 있었다.

시카고에서 무디의 사업은 날로 번창해갔다. 보스턴에서 인정받은 무디의 능력은 시카고에서도 동일하게 발휘되었다. 시카고에 오자마자 찰스 위스월Charles Wiswall 구둣가게에서 일하게 된 무디는 얼마 지나지 않아 그곳에서도 큰 성공을 거두게 되었다. 일단 그의 가게에 들어온 손님 중에서 물건을 사지 않고 빈손으로 나가는 사람은 거의 없었다. 그리고 만약 손님이 없을 경우에는 무디가 직접 길거리로 나가서 손님들을 끌어모으기도 했다. 이처럼 그는 장사 수완이 좋은 사람이었다.

1857년, 무디는 일자리를 새로 옮기게 되었다. 전에는 일이 많고 일에 매여 있을 때가 많았는데, 핸더슨이라는 사람과 동업하게 되면서 시간적 여유가 많이 생기게 되었다. 무디는 핸더슨이라는 사람을 만나면서 그의 사업도 그리고 그의 사역도 큰 동력을 얻게 되었다.

그가 핸더슨의 가게에서 맡은 일은 지방 판매원이었다. 지방을 돌면서 구두를 판매하고 수금을 하는 일인데 그는 지방을 순회하면서 일만 한 것이 아니라 전도도 하면서 일석이조의 효과를 얻게 된 것이다. 하지만 이렇게 무디에게 있어서 좋은 파트너가 되었던 핸더슨이 갑자기 세상을 떠나면서 무디는 큰 충격을 받게 된다.

하지만 무디에 대한 핸더슨의 신뢰는 변함이 없었다. 왜냐하면 핸더슨이 세상을 떠난 이후 그의 부인은 무디에게 핸더슨이 남기고 간 재산을 모두 관리하는 책임을 맡겼기 때문이다. 이때 무디의 나이는 23세였다.

노스 마켓 주일학교의 부흥

1858년, 무디는 본격적으로 사역에 뛰어들게 되었다. 그는 시카고의 샌즈라는 지역에 노스 마켓 주일학교를 세우면서 사역을 시작하였다.

사실 그 지역은 모든 사람이 기피하는 곳이었다. 주위에서도 무디가 샌즈 지역에서 사역하는 것을 반대하였다. 그곳은 각종 범죄가 난무하고 도덕적인 타락도 심해서 많은 사람이 그 지역을 좋아하지 않았다.

그러나 무디는 오히려 그런 죄가 많은 곳일수록 사역에 더 열심을 내었다. 많은 사람이 가려 하지 않는 지역이지만 그곳의 사람들도 예수 그리스도를 믿고 구원받아야 한다는 확신이 강했기 때문이다. 그래서 어느 누구도 무디를 말릴 수 없었다.

무디는 샌즈 지역에 주일학교를 세우면서 건축가였던

스틸슨과 사업가였던 카터를 만나게 되었다. 이들은 무디의 사역에 있어서 큰 힘이 되어주었다.

무디는 주일학교 사역을 시작하면서 그 당시 주일학교에서 하지 않았던 새로운 것을 시도하였다. 또한 그러한 시도를 하도록 영감을 준 것은 바로 자신의 어린 시절의 경험이었다.

무디는 어릴 적 어머니의 손에 이끌려 교회에 나가곤 했는데, 예배 시간이 너무나 지루하여 앉아 있는 것 자체가 고역이었다. 그는 그 시절을 떠올리면서 자신은 아이들에게 지루하지 않고 흥미를 줄 수 있는 주일학교를 만들겠노라고 결심하게 된 것이다. 그래서 찬양 시간을 늘리고 설교를 가급적 짧게 하면서 아이들에게 맞는 성경적인 메시지를 전하려고 노력하였다.

게다가 무디의 조금은 투박하고 촌스러운 외모가 오히려 아이들에게 흥미를 제공하기도 하였다. 그래서 무디가 나타나는 것만으로 많은 아이들이 자연스럽게 그를 따르게 되었다. 시간이 흐르면서 점차 샌즈 지역에서의 주일학교 사역은 안정을 찾았고 수적으로도 큰 부흥을 이루게 되었다.

그러나 부흥은 무디에게 새로운 고민을 안겨주었다. 바로 재정에 대한 문제였다. 처음 사역을 시작하다 보니 아무래도 환경적인 부분에 많은 문제가 있었다. 의자도 제대로 갖추어지지 못한 상태에서 그 많은 아이들이 딱딱한 마룻바닥에 앉아서 예배를 드리는 모습이 무디는 너무나도 안타까웠다. 무디는 환경적 개선이 시급하다는 것을 누구보다 잘 알고 있었지만, 그에게 이를 해결할 만한 재정적인 능력이 없었다. 그래서 그는 기독인 사업가들의 도움을 받아보기로 했다.

그러던 중 무디가 전에 감리교회에서 만났던, 시카고에서 대형 매장을 소유하고 있는 사업가 존 파월John Powell에게 도움을 요청하게 되었고 승낙을 받아냈다. 재정적 도움의 승낙이 이루어진 날로부터 바로 다음 주일날, 무디는 존 파월을 주일학교로 초청했다. 그저 자기가 후원하게 된 주일학교를 방문한다는 생각으로 방문했던 파월은 뜻밖에도 아이들의 갈채 속에 주일학교 부장으로 선출되었다.

이렇듯 주일학교의 전반적인 경영 계획은 매우 성공적이었다. 그 후로 무디의 헌신적인 전도활동을 지켜보던 파월은 무디의 활동을 돕기 위해 타고 다닐 조랑말을 사주었고 덕분에 그는 힘들이지 않고 효과적으로 아이들에게 전도할 수 있었다.

그 결과 무디는 늘 여러 명의 아이들을 데리고 회관으로 돌아왔는데 특별히 그의 조랑말을 타고 싶어 하던 아이들은 실내에서 조랑말을 탈 수 있도록 허락받곤 하였다. 이런 무디의 주일학교는 점점 부흥하여 얼마 가지 않아 1,500명의 아이들이 모이게 되었다.

무디는 아이들을 사랑했고 아이들 또한 그를 사랑했다. 그리고 어두운 환경에서 사랑을 모르고 자랐던 아이들의 마음속에는 하나님의 사랑으로 넘치게 되었다.

평신도에서 전임 사역자로

성공적으로 구둣가게를 경영하고 있음에도 불구하고 무디는 대부분의 시간을 심방과 주일학교에 관계된 일을 하는 데 사용하였다.

그런 생활이 1년도 채 못 되어 1860년 9월, 무디는 자신의 직업을 내려놓고 모든 시간을 하나님을 위한 사역에 헌신하기로 결정했다. 그는 여러 차례 이직을 하면서 세상에서 성공하고 싶다는 마음보다는 예수님을 향한 헌신의 마음이 더욱더 커져갔던 것이다.

이런 그가 사업을 포기하고 전임 사역자의 길을 선택하게 된 결정적인 계기가 있었다. 무디는 주일학교 사역을 하면서 최대한 많은 아이들을 모으는 것이 가장 중요하다고 생각하고 자신이 목표한 수치를 채우기 위해 최선을 다했다. 그렇게 해서 천오백 명이 넘는 아이들이 주일학교에 나오게 되었고 무디는 그것으로 만족했다. 하지만 하나님은 그런 무디에게 아이들의 인원수가 아닌 진정 중요한 것이 무엇인가를 깨닫게 하셨다.

노스 마켓 주일학교의 교사인 벤은 전 주일에 몸이 아파서 어쩔 수 없이 반 아이들을 무디에게 맡길 수밖에 없었다. 그런데 그 반은 가장 질이 나쁜 여학생들로 이루어진 반이었기 때문에 무디는 아주 애를 먹었다. 그리고 바로 그 주 중에 벤 선생님은 무디가 일하는 가게를 방문하였다. 벤의 안색이 너무나도 창백해서 무디는 깜짝 놀라며 벤을 맞이했다.

"다름이 아니라 제가 폐출혈 증세가 생겼어요. 의사는 시카고에서는 지독한 겨울바람 때문에 더 이상 살지 못할 거라고 하네요. 그래서 고향인 뉴욕으로 가려고 해요. 아무래도 죽기 전에 고향으로 가야 할 것 같아요. 의사도 제가 오래 살지 못할 수도 있다고 하더군요."

무디는 갑작스러운 충격과 슬픔의 소식에 아무 말도 할 수 없었다.

"그런데 무디 선생님, 제가 아픈 것보다 저는 제가 맡고 있는 반 아이들이 더 걱정입니다. 지난 주에 우리 아이들을 만나보셨죠? 그런데 그 아이들 중 아무도 예수님을 진정으로 알지 못한답니다. 제가 그 아이들에게 도움이 되기는 커녕 해만 끼치고 가는 것 같아 가슴이 아픕니다."

무디는 주일학교 사역을 하면서 이런 말은 들어본 적이 없었다. 그는 잠시 침묵하며 생각에 잠기는 듯했다.

"벤 선생님, 그럼 우리가 함께 그 아이들을 심방해 봅시다. 그래서 벤 선생님의 그 마음을 마지막으로 아이들에게 전하면 좋겠습니다. 마차를 타고 저랑 같이 가봅시다."

벤은 무디의 제안을 흔쾌히 받아들였고 그들은 한 명씩 그 아이들을 심방했다. 어떤 소녀의 집을 찾아갔을 때 벤은 그 소녀에게 영혼에 대한 이야기를 해주었다. 그 소녀를 향한 벤 선생님의 사랑과 성령님의 만지심이 있었기 때문인지 소녀는 평소의 퉁명스러운 표정이 아니었다. 그리고 어느새 소녀의 두 눈에는 눈물이 흐르기 시작했다.

벤이 소녀에게 예수님을 통한 구원의 길에 대해서 이야

기를 한 후, 무디에게 그 소녀를 위한 기도를 부탁했다. 무디는 그때 처음으로 현장에 있는 영혼의 회심을 위해 하나님께 기도하게 되었다. 그리고 하나님은 그 기도에 응답해 주셨다.

그렇게 벤 선생님의 반 아이들 한 명 한 명이 그들의 심방을 통해 진지하게 복음을 듣게 되었고, 눈물을 흘리며 한 사람씩 회개하여 예수님을 영접하게 되었다. 그리고 마침내 그 반 아이들 모두를 그리스도께로 인도하는 역사가 일어났다.

얼마 후 벤이 시카고를 떠나기 전날 밤, 무디는 벤과 그 반 아이들을 모아 마지막으로 기도모임을 가졌다. 벤이 요한복음 14장을 읽어준 후 다 함께 찬송을 하고 기도하는 시간을 가졌다. 한 아이가 죽어가는 벤 선생님을 위해 간절히 기도하기 시작했고 아이들 모두 한 사람씩 돌아가며 기도했다.

바로 그 기도의 자리에 임한, 충만한 하나님의 은혜가 사업가로서 성공하겠다는 무디의 야망을 완전히 내려놓게 만든 결정적인 역할을 하였다. 무디는 더 이상 돈을 많이 버는 것에 관심이 없어졌다. 그 후 며칠간의 치열한 갈등 끝에 1860년 9월, 무디는 자신의 사업을 접고 주님을 위한 전임 사역자의 길을 가기로 결정했다.

그렇게 벤은 반 아이들을 모두 주님께로 인도하고 또 무디에게는 평생 잊을 수 없는 경험을 준 후 반 아이들과 무디의 환송 속에 시카고를 떠났다. 이로 인해 무디는 더 이상 사람의 숫자가 아니라, 한 사람 한 사람의 영혼에 관심을 가지게 되었다.

무디는 전임 사역자의 생활을 시작하면서 고정적인 수입이 예전에 비해 훨씬 줄어들었다. 무디가 마지막 8개월 동안 사업을 하면서 번 돈이 당시로서는 거금인 5천 달러였는데, 전임 사역을 시작한 첫 해의 수입이 150달러밖에 되지 않았다.

그는 잠도 YMCA 강당의 장의자에서 자면서 때때로 끼니도 크래커와 치즈로 때웠다. 그렇지만 무디는 이 모든 어려움을 묵묵히 이겨내면서 하나님께서 맡긴 사역들을 충성스럽게 감당해나갔다.

무디는 영혼을 구원하는 일에 있어서 열정의 사람이었다. 그는 구원받은 후 즉시로 결심한 것이 있는데 하루 24시간 동안 적어도 한 사람 이상의 영혼에게 복음을 증거하지 않고는 자지 않기로 작정했다.

어느 날 밤 무디는 집에 돌아와 자리에 누웠을 때 그날도 한 사람의 영혼에게도 전도하지 못한 일이 생각났다.

"그래. 지금 일어나 거리에 나가봤자 이 깊은 밤에 사람을 만나지는 못할 것이다."

이렇게 애써 마음을 위로하려 했지만 그는 결국 일어나 옷을 다시 주워 입고 밖으로 나갔다. 때마침 밖에는 소낙비가 쏟아지고 있었다.

비를 맞으며 정처 없이 걷던 그가 포기하려는 마음이 들 때 우산을 쓰고 내려오는 사람의 발자국 소리를 들었다. 무디는 급히 그 사람에게 달려가 "우산을 좀 함께 쓰고 갈 수 있겠습니까?"라고 말했다.

우산을 함께 쓰고 가면서 무디는 "폭풍이 일어날 때 피할 수 있는 피난처를 당신은 가지고 계십니까?"라는 말로 시작하여 예수님의 복음을 그 사람에게 전했다.

설교자로 강단에 서다

무디의 주일학교는 점점 부흥하여 매일 밤 모이게 되었다. 아이들뿐만이 아니라 어른들도 계속 모여들었고 이제는 더 이상 그들을 관리하기가 어려울 정도가 되었다. 처음에는 그들을 주변의 교회들로 연결시켜주려고 했지만 어떤 교회도 빈민층에 속한 그들을 제대로 책임져주지는 못했다. 결국 무디는 자체적으로 교회를 세우기로 마음먹게 되었고, 1864년에 일리노이 스트리트 교회Illinois Street Church를 건축했다.

이 교회는 얼마 가지 않아 시카고에서 가장 부흥하는 교회가 되었다. 무디는 그 교회의 리더임에도 불구하고 설교는 신학교 출신의 학생들이 하고 있었다. 그러다가 하루는 그 학생들이 주일 저녁예배에 아무도 오지 않은 적이 있었는데, 그때 존 파월의 권유로 무디가 처음으로 설교를 하게 되었다. 그 후 무디는 주일날 오전예배는 설교하고 오후에는 주일학교를 지도하였다. 저녁예배는 오전 설교를 반복하거나 초청 목사들이 집회를 인도하곤 했다.

무디의 초기 설교를 보면 심판에 대한 내용이 많았다. 그의 설교는 단순하지만 회중의 상황에 적절하게 다가왔다. 무디의 이런 설교자로서의 사역이 진행되면서 그는 점점 설교에 대한 열정이 생겼고 실제로도 자신의 교회뿐만 아니라 주위의 다른 교회로부터 설교와 집회를 인도해달라는 요청이 계속 들어왔다.

무디는 자신이 하나님의 공식적인 사역에 크게 쓰임받게 될 것을 전혀 예상하지 못했다. 이런 그의 설교의 능력과 기름부으심의 원천은 말씀에 대한 끊임없는 연구와 기도였다. 그는 죽을 때까지 평생 매일 새벽 4시에 일어나 통상 2~3시간 성경을 공부하며 하나님과 만나는 시간을 가졌다.

무디는 20권이 넘는 성경을 가지고 있었는데 그 성경책들의 빈 공간에는 주석과 메모로 가득 채워져 있었다. 그는 학자는 아니었다. 겨우 초등학교 학벌의 투박한 사람으로 실제로 설교문의 많은 부분이 문법적으로 맞지 않았다. 그러나 성경 연구를 향한 평생의 헌신과 열정은 그를 아주 깊고 실제적인 성경학자로 만들었다.

무디가 어느 날 설교를 마치고 나서 사람들과 인사를 나누고 있는데 대학에서 문학을 가르치는 교수 한 사람이 그와 인사를 하며 이렇게 말했다.

"목사님, 설교 잘 들었습니다. 그렇지만 안타깝게도 문법적으로 틀린 부분이 50군데가 넘더군요."

그 말을 들은 무디는 이렇게 답했다.

"좋은 충고 감사드립니다. 그런데 선생님, 제가 한 가지 여쭤봐도 될까요? 저는 하나님의 은혜로 지금까지 이렇게 문법도 엉터리인 말로 수천 명의 사람들을 주님께로 인도해왔습니다. 그럼 선생님은 문법에 맞는 말로 몇 사람의 영혼을 그리스도께로 인도하셨는지요?"

실제적으로 무디는 깊이 있고 실제적인 성경 연구가였다. 그는 평생 매일 아침 일찍 일어나 하나님 말씀을 연구했다. 그는 새벽 4시에 일어나 성경을 연구하는 것이 습관이 될 정도였다. 그는 평소 "나는 어떤 연구를 하고자 할 때마다 다른 사람들이 일어나기 전에 일어납니다"라고 말했는데, 그는 그의 집 골방에서 문을 닫고 홀로 하나님과 성경으로 더불어 날마다 지냈던 것이다.

그가 그렇게도 많은 청중을 이끈 것은 성경에 대한 완전하고도 실제적인 지식이 있었기 때문이다. 그들은 무디를 당시의 철학이나 유행하는 오락, 취미에 조예가 깊었던 사람이 아니라 오직 한 권의 책, 이 타락한 세계를 변화시킬 수 있는 유일한 책인 성경을 알고 있는 사람으로 생각했기 때문이다. 하나님의 말씀이 담겨져 있는 책인 성경만이 사람을 모으는 힘이 있고 그들을 붙잡아 축복할 수 있는 능력이 있는 것이다.

또한 무디는 겸손한 사람이었다. 그는 이런 말을 자주 인용했다. "믿음은 최대의 것을 얻으며, 사랑은 최대의 역사를 하나, 겸손은 가장 많은 것을 보존한다." 그는 겸손을 꾸미는 자가 아니라 진심으로 자기를 작게 여기고 남을 크게 생각했다. 그는 진심으로 하나님께서 자기를 쓰신 것 이상으로 더 놀랍게 타인을 쓸 것이라고 믿고 있었다. 그는 자기가 사람인 것을 깨닫고 늘 하나님께 자기의 자만심을 제거해 주시기를 기도했고 항상 하나님 앞에 얼굴을 숙이는 데 열심이었다. 그래서 하나님께서도 그를 그렇게 만들어 주셨던 것이다.

군 선교와 YMCA 사역

링컨 대통령과 무디의 만남은 링컨 대통령이 시카고에 들렀을 때 잠시 무디의 주일학교를 방문하면서 이루어졌다. 존 파월의 초청으로 당시 주일학교를 방문했던 링컨은 무디로부터 갑작스러운 연설을 부탁받았다. 무디는 링컨 대통령의 노예 폐지론을 전부터 지지하고 있었고 그와 관련해서 많은 관심을 가지고 있었다.

결국 노예제도를 지지하는 남부 연합과 그것에 반대하는 북부 연합 간에 전쟁이 벌어졌고 이 남북전쟁에 무디의 학생들도 몇몇 자원입대하면서 무디도 자연스럽게 전쟁터의 군인들을 위한 사역에 참여하게 되었다. 무디는 1861년 11월에 발족된 미주 기독교 위원회의 구성원이 되었고 전방을 방문하며 군인들에게 복음을 전하고 부상병들을 보살피는 일을 열심히 감당했다.

무디는 병사들을 개별적으로 심방하며 성경책과 서적과 팸플릿을 나눠주면서 그들에게 복음을 전파했고, 음악회나 기도회 등과 같은 여러 방법들을 동원하여 열심히 군인들을 위한 사역을 해나갔다. 무디는 전쟁터에서의 사역을 통해 영혼 구원의 문제가 얼마나 시급한 것인지를 깨닫게 되었고 믿지 않는 사람들에게 복음을 전하는 법을 배울 수 있었다. 이런 헌신적인 봉사와 사역 때문에 무디는 군인들에게 큰 인기를 얻고 매우 존경받게 되었다.

무디는 남부 연합군의 포로 수용소를 하루에 두 번씩 찾아갔고 부상병을 도우며 만날 때마다 하나님이 얼마나 그들을 사랑하시는지 그리고 그들을 위해 죽으신 그리스도에 대해서 증거했다. 이런 전쟁터에서의 사역은 무디가 본인의 뜻과는 상관 없이 미국 전역에 알려지고 유명해진 계기가 되었고, 훗날 무디의 설교 속에 등장하는 수많은 예화와 사건을 제공해주었다.

당시 무디는 크게 군 목회, 주일학교 사역, YMCA 사역 세 가지에 열정을 불태우고 있었다. 당시 YMCA에는 건물이 없었는데, 무디는 YMCA의 건물을 세우는 일에 크게 공헌하였다. 그리고 존 파월이 YMCA 이사회의 회장이 되고 무디가 부회장이 되어 건물 마련을 위해 열심히 기도하며 모금하기 시작했다. 농기구 사업가인 사이러스 맥코믹 Cyrus McCormick은 평소 무디를 존경하고 신뢰했던 사람으로, 만 달러나 되는 금액을 기부했다.

이처럼 많은 사람들의 기부로 인해 결국 천 명이 넘는 사람들을 수용할 수 있는 집회실과 다수의 사무실을 가진, 현존하는 최초의 YMCA 건물을 세우게 되었다. 1867년 9월에 있었던 봉헌식에는 교파를 초월하여 모든 교단의 목사와 수많은 방문객이 참여하여 그 역사적인 순간을 함께 했다.

급속히 도시가 성장함에 따라 생기는 새로운 문제를 해결하기 위해 무디는 더 공세적인 사역을 해야 함을 주장했고, 이런 무디의 열심으로 인해 YMCA에 등록하는 회원은 계속적으로 늘어갔다. 무디는 영국과 미국에 계속적으로 YMCA 건물을 짓기 위해 몇 차례 모금 운동을 했고, 그때마다 그 일에 큰 공헌을 하였다. 무디는 YMCA 회장으로서도 2년 동안 사역했다.

영국을 방문하여 큰 감명을 받다

1862년 8월 28일, 무디는 남북전쟁 중에 영국 태생의 엠마Emma와 결혼했다. 그녀는 겸손한 사람이었다. 그녀의 너그러움과 교양, 그리고 신실한 신앙은 무디의 삶과 사역에 활력을 주었고 무디의 약점을 잘 보완해주었다.

그런 엠마가 1867년 심한 천식으로 고생하고 있었는데 의사는 그녀에게 바다 여행이나 항해를 해보도록 충고했다. 때마침 무디는 명성이 자자했던 영국의 설교자 찰스 스펄전Charles Haddon Spurgeon과 위대한 기도의 사람이었던 조지 뮬러George Muller를 만나고 싶은 열망이 많았던 터라 아내의 병도 회복시킬 겸 영국 항해를 결심했다. 그리고 1867년 2월 24일, 처음으로 영국을 향한 항해를 떠났다.

무디의 첫 번째 영국 방문을 통해 하나님은 무디에게 정말 필요한 것들을 채워주시기 위해 위대한 하나님의 사람들과 만나게 하신다.

무디는 브리스틀Bristol에 들러 조지 뮬러가 경영하고 있던 고아원에 방문했다. 1,150명의 고아로 가득 찬 그 고아원을, 기도를 통한 하나님의 기적적인 공급하심으로 운영하고 있는 뮬러의 사역을 보고 무디는 크게 감명을 받았다. 무디의 교회 사업과 열정적인 전도법에 대해 들은 조지 뮬러는 무디에게 이렇게 말했다.

서른 살이 된 무디가 하나님을 위해 무엇을 했는가가 중요한 것이 아니라 하나님께서 무디를 통해 무엇을 하셨는가가 중요한 것이다.

이 말에 무디는 주님을 위해 자신이 어떤 일을 한 것이 아니라 자신이 하나님의 역사하심 가운데 쓰임받고 있음을 알고 하나님께 깊이 감사했다.

또한 무디는 헨리 발리Henry Varley 목사가 인도하는 기도회에 참석하게 되었는데 그는 거기서 그의 평생의 지침이 되는 말씀을 듣게 되었다.

세상은 하나님께서 그의 뜻에 완전히 헌신한 사람을 통해 하실 수 있는 일을 보아야 합니다.

무디는 이 말에 놀라며 결심했다.
"그렇다. 그는 위대한 사람이나 학식 있는 사람, 부유한 사람이라고 말한 것이 아니라 단순히 '완전히 헌신한 사람'이라고 하였다. 그러면 문제는 온전히 전적으로 내 자신을 성별하여 주께 드리는 '완전한 헌신의 사람'이 되느냐 못 되느냐에 달려 있는 것이다. 이제 최선을 다하여 내가 그런 사람이 되어 보리라."

스펄전과의 만남은 무디의 설교 사역에 큰 영향을 끼치지 않을 수 없었다. 무디는 스펄전의 영향을 받아서, 나중에 무디 성경학교를 세운 후 학생들에게 이렇게 말했다.

"나는 스펄전의 모든 설교를 읽었고, 이제 후배들에게 그의 말씀을 전할 수 있게 되었습니다. 여러분들도 나와 같이 행하십시오."

그 후 무디 출판사에서 출간한 첫 번째 책이 스펄전의 《은혜의 모든 것(All of Grace)》이었음도 이와 무관하지 않았을 것이다.

그런데 스펄전보다 더 크게 무디에게 영향을 끼친 사람을 만났으니, 그의 이름은 헨리 무어하우스Henry Moorhouse라는 27세의 청년이었다. 두 사람은 더블린Dublin에서 만났는데 무어하우스는 처음 본 무디에게 약간은 당돌하게 자신도 같이 배를 타고 미국으로 가고 싶다고 했다. 그러나 당시 무디는 이런 그의 제의가 내키지 않아 먼저 미국으로 돌아왔다.

그러고 나서 1868년 초, 무디는 한 통의 편지를 받았다. 그것은 바로 영국에서 잠시 만난 무어하우스가 그 후 미국으로 와서 보낸 편지였는데, 내용인즉슨 자신이 무디의 일리노이 스트리트 교회에서 설교를 하고 싶다는 것이었다. 무디는 그 청년이 좀 무례하다고 여겨졌다. 그래서 아내인 엠마를 통해서 냉정한 답장을 보냈다.

"만일 당신이 시카고로 온다면 나를 찾아오시오."

얼마 후 무어하우스로부터 답장이 왔는데 그가 다음 주 목요일에 시카고에 온다는 것이었다. 결국 어쩔 수 없이 무디는 자기가 교회를 쉬게 된 목요일과 금요일 이틀 동안 무어하우스를 교회의 강사로 세우기로 했다.

무어하우스는 요한복음 3장 16절의 말씀으로 죄인들을 향한 하나님의 사랑에 대해 설교를 했는데 반응은 폭발적이었다. 평소 하나님은 죄인을 미워하시고 죄인의 뒤에 서서 죄인의 심령을 좌우의 날 선 검으로 쪼개려 한다고 설교해왔던 무디조차도 마음이 녹아내리고 흐르는 눈물을 멈출 수 없었다.

처음의 계획을 변경해서 무어하우스는 다음 한 주간도 계속 말씀을 전했다. 총 7번의 집회 동안 무어하우스는 오직 요한복음 3장 16절의 말씀으로 성경의 전체를 오가면서 하니님의 사랑에 대한 말씀을 전했다. 무디는 무어하우스와 그 주간 많은 시간을 함께 보내며 그로부터 큰 영향을 받았다.

이렇게 무디는 스펄전과 무어하우스의 해박한 성경 지식과 성경 전체의 권위와 능력으로 설교하는 모습을 보고 이전과 달리 완전히 새로운 방식으로 성경에 더 깊이 매달리며 몰입하게 되었다. 그리고 무어하우스가 전한 사랑의 하나님은 평생 무디에게서 떠나지 않는 교훈이 되었다.

평생의 동역자, 생키와의 만남

1870년, 무디는 그의 나이 33세에 평생의 동역자인 아이라 데이비드 생키Ira David Sankey를 만난다. 두 사람은 1870년 인디애나 주의 인디애나폴리스Indianapolis에서 열린 YMCA 국제대회에서 처음 만났다.

생키는 1840년 8월 28일 펜실베이니아 주의 에딘버그에서 태어났다. 그의 아버지는 펜실베이니아 주 의회 의원이었고 신실한 감리교 신자였기에 생키는 부유한 환경에서 자연스럽게 신앙 생활을 하게 되었다.

그는 어렸을 때부터 음악에 뛰어난 재능을 발휘하였는데 벌써 십대 때부터 작곡을 하였다. 생키는 15세 때 집회를 통해 하나님을 인격적으로 뜨겁게 만나게 되었고 20세 때부터 주일학교 부장으로 봉사하면서 본격적으로 찬양을 부르기 시작했다.

뿐만 아니라 그는 성인들을 대상으로 하는 주중 성경공부 모임도 인도하면서 열심히 성경을 연구하고 가르쳤다. 그는 남북전쟁 때 3개월 동안 군인으로 복무했고 제대 후에는 뉴캐슬에서 내국세 세무 업무를 담당하는 관세청에서 공무원으로 일했다.

생키는 평소 무디에 대한 명성을 익히 들어왔기 때문에 인디애나폴리스에서 열린 YMCA 국제대회를 통해 그를 만나보고 싶었다. 그래서 그는 무디가 토요일 아침 기도 모임을 인도할 때 그 자리에 참석했다. 그런데 너무 이른 아침 시각이었고, 설교 전에 하는 대표 기도와 찬송이 사람들이 느끼기에 너무 길고 따분하여 그 자리에 있던 많은 사람들은 졸게 되었다.

마침 그때 그 자리에 참석한 생키를 알아본 로버트 맥밀런Robert McMillen 목사가 축 쳐져 있던 현장의 분위기를 새롭게 하려고 그에게 찬송가 한 곡을 부탁했다. 생키는 자리에서 일어나 찬송가 〈샘물과 같은 보혈은〉을 부르기 시작했다.

샘물과 같은 보혈은 임마누엘 피로다. 이 샘에 죄를 씻으면 정하게 되겠네.

그때 모든 사람이 이 찬양을 따라 부르기 시작했고 회중의 분위기는 즉시 반전되었다. 모임을 마친 후 맥밀런 목사가 생키를 무디에게 소개해주었다. 아마 맥밀런이 그를 소개해주지 않았다 하더라도 생키의 찬송에 감명받은 무디는 직접 생키를 찾아갔을 것이다.

"생키 씨, 저는 지난 8년 동안 당신과 같은 사람을 찾고 있었습니다. 시카고에 있는 우리 교회에서 저와 같이 사역하는 것이 어떻습니까?"

생키는 무디의 갑작스러운 제안에 어찌할 바를 몰랐는데 무디는 그 일을 놓고 함께 기도하기 위해 생키를 기도실로 데리고 갔다. 맥밀런 목사와 함께 세 사람은 하나님께서 생키와 동역하는 것을 인도해주시도록 간절히 기도했다. 그러나 생키는 자기가 하고 있는 안정적인 공무원 신분을 버리고 전임 사역자가 된다는 것이 내키지 않았다.

생키는 무디에게 진지하게 그 일에 대해 계속 기도해보겠다고 말했다. 그리고 그다음 날, 생키는 무디로부터 그날 저녁 6시에 자기가 거리에서 설교를 하기 전에 와서 찬송을 불러 달라는 요청을 받았다.

생키는 자신의 친구들 몇 사람과 같이 무디가 말한 장소로 나갔다. 퇴근길에 사람들이 모여들기 시작하더니 금세 많은 인파로 그 장소가 가득 차게 되었다. 생키는 무디의 초청으로 상자로 된 연단에 올라 찬양을 불렀고 길을 가던 사람들은 찬양 소리에 발걸음을 멈추고 집회 장소로 몰려들었다. 찬양이 끝난 후 무디가 사람들에게 복음을 전하는 메시지를 선포했는데 생키는 훗날 그날의 설교에 대해 다음과 같이 말했다.

무디가 그날 저녁 그 상자 위에서 한 설교는 이전에 누구에게도 들어본 적이 없는 것이었다.

그날의 집회는 장소를 옮기면서까지도 진행되었는데

생키는 그런 무디의 사역에 큰 감동을 받게 되었다. 자신의 집으로 돌아온 생키는 무디의 그 제안에 대해 고민하며 아내 패니Fanny와 함께 상의했다. 그리고 나서 무디가 생키에게 한 주만 같이 사역해보자는 제안을 했을 때 생키는 그 초청을 받아들였다. 결국 생키는 그 일주일의 동역이 끝나기 전에 무디의 사역팀에 합류하게 되었다. 그때부터 생키는 무디의 동역자가 되어 사역하기 시작했다.

이렇듯 영혼을 살리는 생키의 찬양이 동반된 집회를 통해 무디는 대표적인 부흥운동의 지도자가 되었다. 생키의 찬양을 통해 마음의 문이 활짝 열린 회중은 무디의 복음에 대한 선명한 선포를 듣고 회개와 구원의 은혜로 눈물을 흘리며 자리를 떠날 줄 몰랐다.

4장

수많은 영혼을 감동시킨 설교자

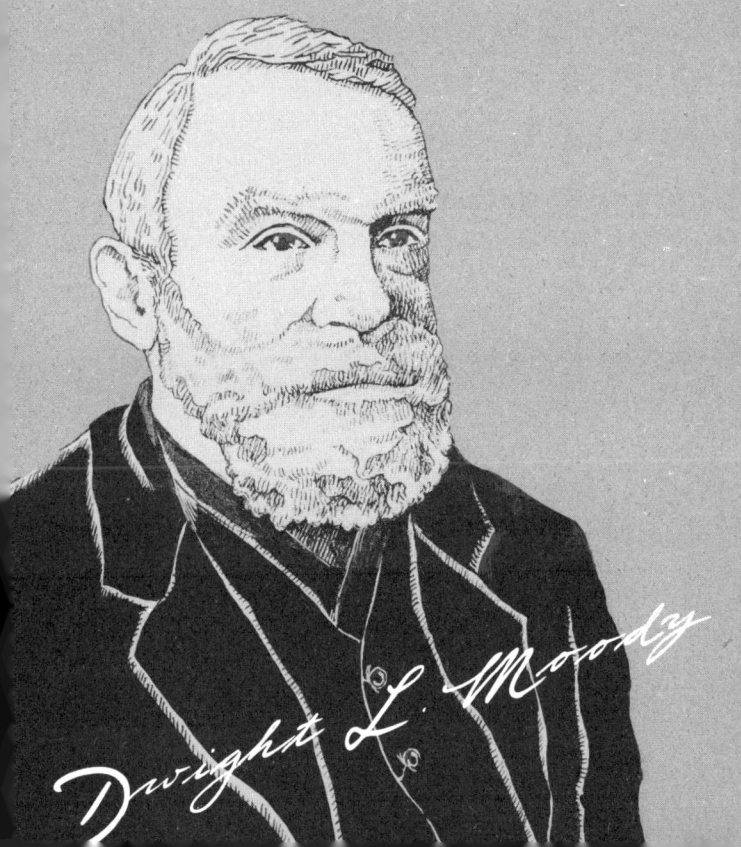

시카고 대화재와 성령의 불

1871년 10월 8일은 시카고의 역사를 바꾼 날이었다. 바로 시카고 대화재가 주일 저녁에 발생했던 것이다. 이 화재는 10월 10일까지 계속되었고 당시 목조건물이었던 빌딩 중 1만 8천 호가 소실되어 시카고 인구의 3분의 1인 10만 명이 집을 잃었고 250명이 불에 타 죽었다. 화재가 나기 전 시카고는 계속된 가뭄으로 식물이 말라 죽어가고 있었고 바람은 거칠게 불어와서 지푸라기끼리 부딪혀도 불이 날 만한 상황이었다.

가장 유력한 화재 원인은 올레리O'Leary 부인이 외양간에 있던 자신의 소에게 먹이를 줄 때 들고 있던 호롱불을 짚더미 위에 놓았다가 소가 뒷발질로 등불을 엎어버려서 시작된 것이라고 한다. 만약 날씨가 그 정도로 건조하지 않았다면 그저 단순 화재로 끝날 수 있었던 것인데, 모든 조건이 맞아 떨어져서 시카고의 상업지구를 포함해 10km^2의 시가지를 모두 불태우게 된 것이다.

그런데 시카고의 날씨처럼 무디의 심령도 건조함을 느끼는 위기가 찾아왔다. 무디는 생키와 환상적인 팀워크를 이루며 교회의 성장을 이끌고 있었다. 그러나 무디의 심령은 조금씩 불안정하게 되었다. 너무나 많은 사역으로 인한 분주함과 또 자신의 사역에 필요한 재능이 부족하다고 느끼고 있었기 때문이다.

이런 무디의 마음을 알아차린 두 명의 여인이 무디의 집회 때마다 앞자리에 앉아 무디가 설교하는 동안 사람들이 알아채지 못하게 기도를 했다. 바로 사라 쿡Sarah Cooke와 혹스허스트Hawxhurst라는 두 사람은 어느 날 예배를 마친 후 무디에게 와서 다음과 같이 말했다.

"우리는 당신을 위해서 기도하고 있습니다."

무디는 의아해 하며 물었다.

"아니, 집회 중에 사람들이 은혜받도록 기도한 것이 아니라 왜 저를 위해 기도한단 말입니까?"

여인들은 침착하지만 분명한 목소리로 말했다.

"그 이유는 당신이 성령의 능력을 받을 필요가 있기 때문입니다."

무디는 그들의 말에 충격을 받았다. 결국 무디는 그 대화를 계기로 자신의 심령 상태를 느끼게 되었고, 그 마음속 깊은 곳에서부터 알 수 없는 큰 갈증이 생겨났다. 그 갈증으로 인해 무디는 그 여인들이 갖고 있던 정기적인 기도 모임에 참석하게 되었고 성령충만함을 위해 함께 간절히 기도하게 되었다.

시카고 대화재로 인해 무디의 교회와 YMCA 회관인 파월 홀Powell Hall, 그리고 무디의 집까지 다 불타고 말았다. 화재가 그치고 난 후 무디는 구제 사업에 헌신했다. 그리고 얼마 후 무디는 집을 잃어버린 사람들에게 집을 지어주기 위해, 그리고 불타버린 자신의 교회를 다시 짓기 위해 동부로 떠났다.

시카고 대화재로 인해 시카고가 오히려 전화위복으로 완전히 다른 모습의 대도시로 태어난 것처럼 모금을 위한 무디의 동부 방문도 오히려 그가 성령의 놀라운 은혜를 경험하는 기회가 되었다. 윈디 시티Windy City라는 별명을 가진 시카고의 날씨처럼 더욱더 영적인 건조함으로 갈증을 느끼던 무디는 뉴욕의 브로드웨이 거리를 걸을 때 그의 삶을 송두리째 뒤흔든 하나님의 충만한 임재를 경험하게 되었다. 그는 하나님의 그 임재를 견딜 수 없어 근처에 있는 한 친구의 집을 찾아가 다급히 부탁했다.

"이보게, 미안하지만 잠시 혼자 있을 수 있는 방으로 나를 좀 안내해주지 않겠나? 내가 갑자기 혼자 있고 싶어서 그러네."

무디의 갑작스러운 방문과 부탁에 어리둥절한 친구는 비어 있는 방으로 무디를 안내해주었고, 그는 방에서 문을 잠근 채 하나님의 폭포수와 같은 은혜와 영광에 잠기게 되었다. 훗날 무디는 당시의 경험을 회상하며 이렇게 말했다.

그것은 형언할 수 없는 거룩한 경험이었습니다. 다만 저는 하나님께서 저에게 당신 자신을 드러내시고 나타내주셨다는 것밖에 알지 못합니다. 저는 그분의 사랑이 너무도 엄청나게 다가와서 그분의 손길을 그만 멈추어달라고 간구할 정도였습니다.

이 사건을 경험한 이후 무디는 동부 전역을 돌며 시카고의 재건과 복음화를 위한 설교를 계속했는데 그 설교는 분명히 이전과는 다른 설교였다. 그의 설교를 통해 전과는 비교할 수 없는 많은 사람들이 회심하여 주님을 영접하게 되었다.

시카고로 돌아와서 새롭게 지어진 성전에서 다시 시작된 무디의 사역에는 성령으로 말미암은 새로운 부흥의 역사가 일어나기 시작했다. 그 후 몇 달 동안 수백 명의 사람들이 회개하고 그리스도를 통해 구원받게 되었다.

하나님은 이렇게 성령충만을 본격적으로 경험하기 시작한 무디를 새로운 사역으로 인도하셨다. 사역의 부흥을 보면서 무디는 장기적인 사역을 위해 영국으로 건너가 성경을 더 배우고 연구해야겠다는 마음이 들었다. 그래서 생키에게 교회 일을 맡기고 이번에는 혼자서 영국을 두 번째로 방문했다.

그러나 무디의 그런 바람과는 달리 얼마 가지 않아 영국에서도 설교 사역을 하게 되었다. 그는 우연히 참석한 한 기도모임에서 런던 북부에 있는 회중교회의 레시Lessy 목사로부터 그의 교회에서 다음 주일에 설교해줄 것을 부탁받았다. 아침과 저녁예배에서 설교를 하게 되었는데 오전예배 설교를 마치고 난 후 무디는 낙담했다. 오전예배에 참석한 성도들은 냉랭했고 자신도 도대체 무슨 내용으로 설교를 했는지 모를 정도로 스스로 보기에도 한심하게 여겨졌다. 그런데 그날 저녁예배 때는 달랐다. 무디는 자신이 설교하고 있는 동안 성령님이 그 성전에 충만하게 임하여서 각 사람에게 역사하고 계심을 느낄 수 있었다.

이런 강력한 성령의 이끄심으로 무디는 설교를 마친 후 사람들에게 강하게 도전했다.

"자, 지금 이 자리에 계신 분들 중에 그리스도인이 되기를 원하시는 분은 자리에서 일어서주십시오."

그런데 이게 웬일인가. 무디는 자신의 눈을 의심할 수밖에 없었다. 갑자기 백여 명의 사람들이 그 자리에서 일어난 것이다. 무디는 사람들이 뭔가 자신의 말을 잘 이해하지 못한 줄로 여기고 다시 한 번 구체적으로 도전했다.

"여러분, 다시 한 번 명확히 말씀드리겠습니다. 지금 이 자리에 계신 분들 중에 그리스도인이 되기를 원하시는 분은 이 집회가 끝난 후 교회 상담실로 와주십시오."

무디는 이렇게 다시 도전하면서 혹시 잘못 일어난 사람들은 돌아갈 것으로 생각하고 상담실로 향했다. 그런데 상담실 안으로 들어오는 수많은 사람들을 보고 무디 자신도 놀랐지만 그 교회 담임목사인 레시는 더욱 놀라지 않을 수 없었다. 결국 무디는 그 많은 사람들을 일일이 상담해줄 수가 없어서 모인 사람들을 위해 기도해준 후 다음 날 다시 상담실에 와서 담임목사를 만나도록 안내하고 마쳤다.

사역을 마치고 다른 도시로 갔던 무디는 레시 목사로부터 계속 더 많은 결신자가 생겼다는 연락을 받고 다시 그 교회로 돌아가 열흘 동안 집회를 열었는데 그 기간 동안 총

400명이 넘는 사람들이 그리스도를 영접하게 되었다.

  3개월을 더 영국에 머무는 동안 무디는 영국의 곳곳으로부터 집회를 인도해달라는 요청을 받았다. 그러면서 무디는 영적으로 무장하고 더 준비해서 다시 영국을 방문해야겠다고 생각했다.

성공적인 영국 부흥 사역

무디는 하나님께서 자신을 영국에서의 사역으로 부르고 계심을 확신하고 생키에게 영국으로 건너가 복음을 증거하는 일을 함께하자고 부탁했다. 생키는 당시 필립 필립스P. Phillips라는 찬양 사역자에게서도 서부에서 있을 찬양 집회에 함께하자는 제안을 받았던 상황이었다. 그는 고민하며 기도한 후 결국 무디와 함께 영국으로 가기로 결정했다.

주위의 많은 사람들의 반대에도 불구하고 영국으로의 장기적인 선교 활동을 준비하던 중 영국 요크에 있는 YMCA의 조지 베네트George Bennett가 무디에게 와서 말씀을 전해달라는 요청을 했다.

1873년 6월 7일, 무디와 생키의 가족은 뉴욕을 출발하여 영국 리버풀Liverpool에 도착하게 되었다. 드디어 6월 22일 주일, 무디와 생키는 요크의 살렘교회에서 영국에서의 첫 번째 집회를 시작했다. 처음에는 무디의 미국식 발음 때문인지 사람들의 반응은 냉담했다. 그러나 시간이 지날수록 사람들은 무디의 설교에 점점 관심을 가지게 되었고 무엇보다 생키가 인도하는 찬송에 그들의 마음이 녹아내렸다. 결국 요크에서의 처음 5주간의 사역을 성공적으로 마쳤고 수백 명의 영혼들이 회심하게 되었다.

당시 요크에서 베네트의 소개로 무디와 생키를 만나게 된 프레드릭 마이어Frederick B. Meyer 목사는 처음에는 무디와 생키에 대해 호감을 갖지 못하고 친구인 베네트의 소개로 겨우 자신의 교회에서 집회를 인도하도록 허락했다. 그러나 주일 오후 집회에 참석한 모든 사람을 그리스도께로 인도하는 것을 목격하고는 무디와 생키를 다시 초청해서 2주 동안 더 집회를 인도하도록 하였다.

찰스 스펄전, 캠벨 모건Campbell Morgan과 함께 영국의 3대 설교자로 손꼽히는 마이어는 당시를 이렇게 회상했다.

그것은 제 목회의 새로운 전환점이었습니다. 제 목회의

방법과 개념이 변했고, 새로운 비전과 영감을 얻게 되었습니다. 나는 그때 사람들의 영적인 심리를 이해하게 되었고 어떻게 하면 그들이 하나님 중심의 삶을 살 수 있는지를 깨닫게 되었습니다.

7월 19일, 무디와 생키 일행은 영국 북부 항구 도시인 선더랜드에서 집회를 갖기 위해 출발했다. 선더랜드에서도 많은 사람들이 몰려왔고 급기야 그들은 영국 북부에서 가장 큰 강당을 사용할 수밖에 없었다. 6주간 진행된 선더랜드의 집회에서는 "무디는 설교하고, 생키가 노래한다"라는 홍보 문구가 유행하게 되었다.

두 부흥사는 선더랜드의 사역을 마치고 뉴캐슬로 향했다. 뉴캐슬에서는 10주 이상 집회를 열었는데 그것으로 인해 뉴캐슬 신문에까지 무디와 생키의 집회 소식이 실리게 되었다. 이 보도를 보고 즉시 에든버러로부터 집회를 열어 달라는 요청이 들어왔다.

11월 말, 두 사람은 에든버러에 도착했다. 특별히 스코틀랜드의 예배 시간은 노래를 하지 않고 훨씬 근엄한 분위기였기 때문에 초기에는 생키의 찬송이 많은 비판을 받았다. 그러나 무디가 단순하지만 뜨겁게 설교하면서 시간이 갈수록 사람들이 점점 더 차고 넘치게 되었다. 3개월간 진행된 에든버러에서의 집회를 통해 사회의 모든 계층에게 복음의 영향을 미치는 '에든버러의 대각성'이 일어났다. 19세기 유명한 스코틀랜드의 복음 전도자요 찬송가 작사자인 호라티우스 보나르Horatius Bonar 박사는 무디를 통해 일어난 에든버러의 대각성을 보며 다음과 같이 말했다.

에든버러 전 도시를 통틀어 한 사람 이상이 회심하지 않은 가정은 없으리라 믿는다.

스코틀랜드 전역으로 무디의 부흥 집회에 대한 소문이 퍼져 나갔다. 무디와 생키는 1874년 2월 8일에 글래스고에서 부흥 집회를 열었다. 거기에서도 사람들이 인산인해를 이루며 몰려왔다. 결국 4개월간의 사역 마지막 주일 저녁 집회 때는 5만 명이나 되는 엄청난 청중이 몰려와서 결국 집회 장소인 거대한 키블 궁전에 모두 수용할 수 없게 되었고 무디가 궁 바깥 옥외에서 설교를 하고 생키는 궁 안에서 집회를 인도하는 해프닝까지 일어났다.

5월 20일, 두 사람은 몇 번의 집회를 더 인도하기 위해 에든버러로 다시 돌아갔다. 이렇게 스코틀랜드에 전무후무한 복음의 부흥을 일으킨 무디와 생키는 이제 아일랜드로 가서 1874년 9월 벨파스트에서 집회를 시작했다. 건물 수용 인원의 네 배가 넘는 사람들이 몰려왔다. 개신교 지역인 북부 지역에 수백 명이 회심하는 것도 대단한 것이었지만, 더 놀라운 것은 가톨릭 지역인 남부에서 무디의 부흥집회가 대성공이었던 것이다.

아일랜드 집회의 절정은 더블린에 있는 전시궁에서의 집회였는데 가톨릭 추기경이 집회 참석 금지령을 내렸지만 몰려오는 사람들을 막지 못했다. 1874년 말에 무디와 생키는 영국으로 돌아가서 맨체스터, 셰필드, 버밍햄과 리버풀을 비롯한 여러 도시들을 순회하며 복음을 전했다.

그러나 이제 그들에게는 5백만이 넘는 사람들이 살고 있는, 영국의 수도이자 세계적인 도시인 런던이 남아 있었다. 런던은 거대하고 인구가 굉장히 많았으며 특별히 사람들의 표면적인 신앙과 죄악으로 가득 차 있던 영적인 상황 때문에 치밀한 전략이 필요했다. 그래서 그들은 런던 지역 전체를 네 군데로 나눠서 각각의 지역에서 집회를 열기로 하고 각 지역마다 담당 간사를 임명했다.

3월 9일, 먼저 런던의 북부에 있는 런던 농협회관에서 첫 번째 집회를 개최했다. 그곳은 말과 소를 전시하던 곳으로 만 5천 명이 수용 한계였지만 집회 때마다 만 8천 명이 넘는 사람이 참여했다. 5주간 연속으로 진행된 런던 북부 부흥 집회에서의 결신자 수는 헤아릴 수 없었다.

그들은 북부 지역에서의 사역을 마치고 런던의 빈민들이 몰려 있는 동부 지역으로 갔다. 거기서는 집회를 위해 특별히 1만 개의 객석을 가진 바우로드 홀을 세웠는데 그곳도 금방 꽉 차서 임시 텐트를 쳐서 겨우 사람들을 수용했다. 그렇게 동부의 가난한 사람들의 심령에도 성령의 역사는 뜨겁게 일어났다.

　동부의 사역을 하는 동안 무디와 생키는 동시에 서부에서의 사역도 시작하였다. 서부는 동부와는 정반대로 부자들이 많이 살고 있었다. 그래서 서부의 집회 때는 장소를 로열 오페라 하우스에서 개최했다. 두 부흥사는 서부의 부자들 앞에서도 당당하게 하나님의 말씀을 전했고 무디는 금방 서부의 분위기에 적응하며 자신 있게 말씀을 선포했다. 처음에는 무디의 다듬어지지 않은 말투가 사람들의 웃음거리가 되었지만 점점 그들은 무디의 말씀 앞에 심령이 깨어지며 눈물을 흘리게 되었다.

　서부의 사역을 마무리하고 무디와 생키는 마지막으로 런던의 남부에서 집회를 시작했다. 남부에서도 캠버웰 회관이라는 8천 명의 인원을 수용할 수 있는 임시 건물을 세워 집회를 했다. 수천 명의 남부 사람들이 캠버웰 회관으로 몰려들었고 미처 회관에 들어오지 못한 사람들은 근처의 교회로 흩어져 별도의 집회를 가졌다. 7월 13일을 끝으로 무디와 생키는 런던 집회의 대장정을 성공적으로 마쳤다.

무디는 돈에 욕심이 없는 사람이었다. 무디는 큰 부자가 될 만한 기회가 많이 있었지만, 돈에 대하여 매력을 느끼지 않았다. 그는 하나님의 일을 위하여 필요한 돈을 모으는 것에는 애를 썼으나 자신을 위하여 모으는 것은 거절했다. 생키가 무디와 함께 영국에 갔을 때 찬양집을 발행하고자 하였다. 그가 출판사에 가서 출판을 의뢰하였으나 찬양집 출판에 실패했던 전례 때문에 거절당하고 말았다. 할 수 없이 무디는 자비로 찬양집 《성가와 독창곡(Sacred Songs and Solos)》을 발행했다.

그런데 이 책이 나오자 예상과는 달리 엄청나게 팔려 큰 이익이 들어오게 되었다. 이 막대한 이익금이 무디에게 들어왔으나 그는 그것에 손대기를 거절하였다. 결국 이 돈은 기초 공사 후 건축이 중단되었던 시카고 애비뉴 교회를 완공하는 데 쓰였다. 그 후에도 거액의 금액이 무디의 손에 들어왔으나 그때마다 무디는 기독교 각종 사업을 위하여 쓰게 했다.

1873년 6월 요크에서 시작한 무디와 생키의 부흥 집회는 1875년 8월 3일 리버풀에서의 마지막 고별설교를 끝으로 2년 만에 어마어마한 부흥을 영국 전체에 일으키고 마무리되었다. 그리고 1875년 8월 4일, 그들은 고국인 미국을 향해 떠났다.

귀국 후의 부흥 운동

무디와 생키가 영국에서의 부흥 사역을 성공적으로 마치고 1875년 8월 14일에 미국으로 돌아왔을 때, 그들이 2년 전에 영국으로 떠나갈 때와는 완전히 다른 분위기였다.

두 사람의 영국 부흥 집회가 대성공이었다는 소식은 이미 신문을 통해 미 전역으로 널리 알려져 있는 상태였기 때문에 그들은 전국적인 유명 인사가 되어 있었다. 여러 교파의 목사들과 언론의 취재진들이 그들을 마중 나왔다. 그들은 도착하자마자 미 전역에서 그들에게 집회를 인도해달라는 요청을 수없이 받았다.

미국의 온 대륙을 하나님께로 돌아오게 하는 데 시발점이 된 뉴욕에서의 집회가 1875년 10월 24일에 시작되었다. 6천 명을 수용할 수 있는, 브루클린에 있는 한 스케이트장을 빌려서 한 달 동안 진행되었다. 영국에서와 마찬가지로 뉴욕 집회에서도 집회 때마다 장소가 차서 들어가지 못한 사람들이 많았고 나중에는 불신자들을 위해 이미 신자인 청중들에게는 집회장 내의 자리를 양보해달라는 광고를 하지 않을 수 없을 정도였다.

다음으로 무디와 생키는 필라델피아로 옮겨 갔다. 1875년 마지막 주와 다음 해인 1876년 첫 주간 동안 백화점 왕 존 워너메이커John Wanamaker가 소유하고 있던 펜실베이니아 철도 창고에서 2주간 진행되었다. 매일 밤 1만여 명의 사람들이 몰려왔고 마찬가지로 자리가 없어서 집회 장소에 들어가지 못한 사람이 여전히 많았다. 1만 3천 명이 참석한 집회를 끝으로 필라델피아에서의 집회도 성황리에 마쳤다. 집회 기간 중에 프린스턴 대학교의 초청으로 무디가 캠퍼스에 들어가 강의를 함으로써 학원 전도의 새로운 계기를 만들기도 하였다.

하나님은 앞으로 계속 진행될 미국의 대부흥운동을 위해 무디에게 짧지만 달콤한 휴식을 주셨다. 그리고 무디와 생키는 다시 뉴욕에서의 집회를 준비했다. 이번에는 '히포드롬'이라고 불리는 거대한 건물을 집회 장소로 사용했다. 그곳은 원래 철도역 대합실로 사용되었던 곳인데 세계적으로 유명한 서커스 사업가인 바넘Barnum이 객석을 갖춘 서커스 공연장으로 바꿔놓은 곳이었다. 뉴욕 집회는 1876년 2월 7일에 시작되었는데, 이미 몇 달 전부터 "히포드롬으로!"라는 슬로건은 뉴욕 전체를 술렁이게 하고 있었다. 드디어 7천 명이 넘는 사람이 참석한 첫 집회에서 무디는 다음과 같은 말로 미국 역사상 가장 위대한 부흥 운동을 시작했다.

"다같이 묵도하심으로 집회를 시작하겠습니다."

2월 7일 시작된 히포드롬에서의 집회는 4월 19일까지 약 10주간 진행되었다. 집회마다 7~8천 명 이상의 청중들이 몰려들었다.

심지어 기독교에 대해서 악평을 자주 하는 언론지였던 《뉴욕타임스》도 무디의 집회가 가진 영향력에 대한 평가를 하지 않을 수가 없었다. 왜냐하면 이 집회에 참석한 사람들 중 85% 정도가 성령의 능력에 의해서 변화되었기 때문이다. 주정뱅이들이 단정해지고, 악했던 사람이 착하게 되고, 죄인들이 거룩해지고, 저속했던 사람들이 품위를 가지게 되고, 청소년들은 건전한 정신을 가지게 되고, 나이 든 사람들은 어린아이와 같은 희망을 가지게 되었다. 하늘의 위로가 가난한 자와 고통받는 자, 절망한 자들에게 조용히 그러나 강하게 주어졌다. 시민들에게 경건의 새로운 바람이 불었다. 성경적인 삶의 원리가 노동자와 하층 사회에 침투되었다. 그래서 무디의 집회에 대하여 《뉴욕타임스》는 다음과 같은 기사를 실었다.

> 새 기쁨이 가정과 직장에 침투되었고, 부두 노동자들이 소요를 일으키는 사례가 적어지고, 행상하는 여인들은 물건을 파는 대신에 하나님의 사랑을 전달하는 광경이 눈에 띄고, 새 감동과 새 힘이 거리에 새 바람처럼 불고 있다.

뉴욕 집회의 효과는 그 이후 25년 동안에도 계속되었는데, 당시에 뉴욕의 그리스도인들에게 "당신은 언제부터 그리스도인이 되었습니까?"라고 물으면 대부분의 사람이 1875~1876년경이라고 대답했다. 무디의 부흥 운동이 얼마나 광범위하게 영향을 미쳤는지를 입증해주었다.

뉴욕 집회를 은혜롭게 마친 후, 무디는 중서부의 중소 도시들을 방문했다. 오거스타, 내쉬빌, 세인트루이스, 캔자스, 디모인 같은 도시에서 집회를 열었다. 이들 중소 도시들을 순회하며 집회를 마친 무디는 자신의 고향 시카고로 갔다.

시카고 사람들은 자기 고향 출신인 세계적으로 위대한 부흥사가 돌아온다는 소식에 들떠 있었다. 1876년 10월 1일, 시카고에서의 집회는 시카고 대화재 이후 새롭게 지어진 파월 홀과 성막교회에서 시작되었다. 시카고의 집회에도 1만여 명의 사람이 운집하였다. 이곳은 무디가 전도 사업을 시작한 곳이었기 때문에 집회를 준비하는 데 어려움이 없었다.

다음 집회 도시인 보스턴에서는 여러 교회의 교사들이 적극적으로 참여했다. 조셉 쿡Joseph Cook 박사는 보스턴의 집회 상황에 대해 다음과 같이 말했다.

무디 선생이 이 도시에서 전도 집회를 계속한 지가 2개월이 넘는데 집회에 참석하는 인원이 너무 많아 안으로 들어가지 못하고 밖에서 서성이는 자들이 많았다. 1740년도의 집회가 그동안 보스턴에서 가장 큰 집회였는데 이번 무디의 집회는 이에 비교할 바가 아닐 만큼 대규모 집회였다. 설교뿐만 아니라 거리와 가정을 방문하며, 또 사업가들과의 상담으로 많은 복음 전도의 효과를 거두고 있는 이번 집회는 많은 매스컴도 처음보다 좋은 평판을 하고 있으며 보스턴의 지식인들은 전도 집회에 대한 자료를 수집하고 분석하는 데 바쁘다.

1876년부터 1881년까지의 미국 부흥 집회에서 무디는 미국 전역을 순회하며 짧게는 몇 주에서부터 길게는 몇 달에 걸쳐 복음을 전했고 그 기간 동안 그리스도께로 돌아온 사람들의 숫자가 얼마나 되는지는 파악할 수 없을 정도로 많았다. 통상 사람들이 추산하기를 무디의 평생 사역을 통해 자그마치 2억 명이 넘는 영혼들에게 복음이 전파된 것으로 본다.

교육 사역에 매진하다

무디의 부흥 운동의 중요한 특징 중에 하나는 바로 부흥회를 통한 사역과 학생들을 위한 교육 사업이 조화를 이루었다는 것이다. 무디가 이런 학교 사업을 시작한 계기가 있었다. 동생 사무엘Samuel이 하늘 나라로 가기 몇 달 전 무디는 사무엘과 함께 노스필드 주변의 산길을 마차를 타고 지나가고 있었다. 그때 무디는 평소 안면이 있던 호러스 사이크스Horace Sikes가 집 앞에 앉아 있는 것을 보았다.

무디는 그에게 인사를 하려고 잠시 마차에서 내렸는데 때마침 집 안에서는 사이크스의 어린 두 딸이 밀짚모자를 만들고 있었다. 알고 보니 그는 얼마 전부터 중풍을 앓게 되어 일을 할 수가 없게 되었고 십대인 그의 딸들이 학교를 다니지 못하고 대신 가족의 생계를 위해 일을 해오고 있었다. 전직 학교 선생님이었던 사이크스도 자신의 딸들이 학교를 가지 못하는 것이 안타까웠지만 어쩔 도리가 없었다. 그들과 작별 인사를 하고 집에 돌아온 무디는 그 두 딸의 형편에 자꾸 마음이 쓰였다. 평소 동생 사무엘도 다음과 같은 말을 종종 했었다.

"형, 나는 이 지역의 학교가 여성들에게 충분한 기회를 주지 못하고 있는 것이 유감이야. 난 누나가 더 좋은 교육을 받았으면 좋겠어. 그리고 난 말이야, 언젠가는 집안 형편이 어려워 학교를 다니지 못하는 여학생들을 위해 이곳 노스필드에 훌륭한 여자 고등학교를 세울거야."

동생 사무엘이 무디로 하여금 학교를 세우는 사역을 시작하도록 결정적인 영향를 끼쳤다는 것은 의심의 여지가 없었다. 이런 무디가 학교를 세우는 데 있어서 큰 도움을 준 사람은 헨리 듀랜트Henry F. Durant였다.

1860년대부터 무디와 알고 지냈던 그는 성서적인 이념의 대학을 세워 그리스도와 성경적 가치관을 최우선으로 여기면서 수준 높은 교육을 제공하는 목적을 가지고 웰즐리 대학Wellesley College을 설립하던 터였다. 무디는 학교 설립을 위한 부지 매입을 위해 듀랜트의 친구인 마샬H. N. G. Marshall의 도움을 받아 무디의 집 근처에 총 100에이커acre의 땅을 사들였고 마침내 1879년 11월 3일 노스필드 여성 신학교Northfield Seminary for Young Women를 개교했다. 이 학교를 통해 매년 백여 명의 여학생이 교육을 받았다. 사이크스의 두 딸이 1회 입학생들 중에 포함되었는데, 그들은 매우 똑똑했고 열심히 공부했다. 1880년 4월에 있었던 노스필드 신학교의 기숙사인 이스트 홀 예배 때 무디는 그 학교의 표어를 발표했다. 그것은 바로 이사야 27장 3절 말씀이었다.

나 여호와는 포도원지기가 됨이여 때때로 물을 주며 밤낮으로 간수하여 아무든지 이를 해치지 못하게 하리로다.

그 이후로 학교는 하나님의 놀라운 축복을 경험함으로써 그 약속의 말씀이 이루어졌다.

노스필드 신학교의 성공적인 운영에 힘입어 무디는 그

와 비슷한 남학교를 세우기로 결정했다. 학교 부지를 매입하는 과정에서 코네티컷 주 뉴헤이븐에 사는 하이럼 캠프 Hiram Camp 씨가 2만 5천 달러를 기부하면서 총 275에이커의 부지에 학교를 설립했다. 그가 제안한 이름이 학교명으로 정해져서 1881년 5월 4일 마운트 헐몬 남학교 Mount Hermon School for Young Men가 개교했다. 처음에는 다양한 연령층의 학생들을 받았지만 얼마 후부터는 16세 이상의 학생들만 입학시켰다.

학생들은 오전 6시 기상을 시작으로 저녁 9시 30분에 있는 '침묵의 시간'까지 규칙적인 일정을 매일 소화하면서 일반 과목뿐 아니라 기숙사에서의 공동 생활과 날마다 이루어지는 예배와 침묵의 시간을 바탕으로 한 영성훈련도 철저하게 받았다.

마운트 헐몬 학교를 졸업한 알렉산더 맥가핀 Alexander McGaffin 목사는 당시의 학창시절에 대해 이렇게 말했다.

지금에 와서 돌아보면, 당시 우리의 신앙생활은 영적인

면에서나 실제적인 활동 면에서 내가 지금까지 보아온 것 중 신약성경에 제시된 삶에 가장 근접한 모습을 하고 있었다. … 내게 헐몬은 천국에 이르는 문이었고, 마침내 내가 스스로의 힘으로 일어나서 내 자신의 영적 전투를 할 수 있게 될 때까지 나를 붙들어준 힘이었습니다. 헐몬은 내가 모든 고결한 소망을 간직할 수 있도록 도와주었으며 모든 악한 성품에 대항할 수 있도록 용기를 불어넣어주었습니다.

노스필드에 세워진 두 학교는 학문적 성취로서의 지식 전달보다는 사회에 기여할 수 있는 사람을 양성하는 수단으로서의 지식 전달을 궁극적인 목적으로 삼았고, 설립 이후 20년 동안 약 6천 명의 학생들을 졸업시켰다.

무디가 사역을 하면서 느꼈던 것이 있었는데 그것은 더 많은 평신도 사역자가 필요하다는 것이었다. 그는 그것을 위해 훌륭한 성경 교사들이 말씀을 강해하면서 기독교 사역의 실제적인 방법들을 전수해주는 일련의 단기 성경 강론회를 1889년 5월 시카고 애비뉴교회에서 개최했다. 무디의 예상을 깨고 200명이 넘는 사람들이 그 강론회에 참여했는데 그것을 계기로 1889년 9월 26일 시카고 성경 학원Chicago Bible Institute이 문을 열게 되었고, 토레이R. A. Torrey 목사가 성경 학원의 초대 회장을 맡게 되었다. 기독교 사역에서 음악의 중요성을 강조했던 무디는 음악학부도 함께 개설했다. 학원은 2년 과정으로 운영되었고, 오전 수업이 끝나면 오후와 저녁에는 불신자들을 향한 다양한 사역을 했다.

성경 학원이 설립된 이후 10년 동안 졸업한 사람들의 구성을 보면 얼마나 이 학원이 광범위하게 영향을 미쳤는지 알 수 있다. 그중에서 지역 선교나 도시 선교, 또는 구호 선교를 하는 사람들이 202명, 설교가나 찬양 사역으로 복음 전도 활동을 하는 사람들이 180명, 교육 사역이나 구제 사역을 하는 사람들이 38명, 도시 선교단 단장이 64명, 목사 및 순회 사역자가 368명, 주일학교 교사가 58명, YMCA 서기가 25명, 성경 배포 사역자가 32명, 해외 선교사가 186명

배출되었다. 그래서 사람들은 이 학원을 '그리스도인들을 위한 사관학교'라고 불렀다.

무디의 사역은 그가 살아 있는 동안에 했던 엄청난 복음 전파 사역으로 그친 것이 아니다. 그가 일궈놓은 교육 사역을 통해 그가 세상을 떠난 뒤에도 오늘날까지 계속되고 있는 것이다.

대학생 부흥 사역

1882년 여름, 무디와 생키는 잉글랜드와 웨일스에서 단기 부흥회를 개최했다. 그런데 당시 케임브리지Cambridge 대학기독교연합회 회장을 맡고 있던 키나스톤 스터드는 무디에게 케임브리지 대학에서 집회를 열어줄 것을 간곡히 요청했다.

무디는 자신이 많은 교육을 받지 못했다는 점 때문에 대학생들, 특히 케임브리지 같은 명문대 학생들을 대상으로 사역하는 것에 대해 적잖은 부담감이 있었다. 그래서 그 요청을 편안하게 받아들이기는 힘들었다. 그러나 하나님 안에서 자신감을 갖게 된 무디는 마침내 1882년 11월 5일 주일 저녁 케임브리지 시내의 곡물 거래소 건물에서 첫 집회를 열었다.

2,500명 가량의 사람들이 참석했는데 그중에 단순히 호

기심 때문에 참석한 학생들은 무디의 투박한 억양에 웃음을 터뜨리고 생키가 찬양을 부를 때면 학생들은 조롱하며 앙코르를 외치기도 했다. 이렇게 첫날 집회가 어수선하게 진행되었지만 무디는 잘 인내하며 마쳤다.

그러던 중 목요일 오후에 무디는 케임브리지 시에 사는 300명 가량의 어머니들을 알렉산더 홀에 모아 집회를 연 뒤 특별기도회를 인도했는데, 그들에게 케임브리지 대학생을 자기의 자녀처럼 여기며 기도해달라고 부탁했다. 그 자리에 모인 어머니들은 눈물을 흘리며 케임브리지 대학생들을 위해 간절히 기도했다.

그 기도 때문인지 그날 밤의 집회는 그 전날까지의 집회와는 완전히 다른 분위기였다. 그날 시장로의 체육관에서 진행된 집회에는 5백 명이 넘는 학생들이 참석했다. '어린 양의 결혼 잔치'란 제목의 설교를 마치고 무디가 이 결혼 잔치에 참여할 사람들은 일어나서 앞으로 나오라고 했는데 52명의 학생들이 앞으로 나왔다. 성 마리아 교회 담임목사인 스톤W. H. Stone 목사는 그날 저녁 집회를 이렇게 회상했다.

그 순간을 직접 목격했던 사람들 중 그 장면을 잊을 수 있는 사람이 있을까요? 저는 그날 주 예수 그리스도를 개인적인 구주로 받아들인 사람들 중에 매우 중요한 위치에서 주님의 일꾼으로 아름답게 섬기고 있는 사람들 몇 명과 지금도 잘 알고 지냅니다.

곡물 거래소에서 열린 마지막 집회 때는 학생들을 포함한 1,800명의 사람들이 모였고 162명이 그리스도 앞으로 진지하게 나왔다.

중학교 3학년 중퇴자이자 케임브리지 학생들에게는 상당히 귀에 거슬리는 문법과 억양을 사용한 무디가 인도한 한 주간의 집회는 아무도 예상하지 못한 결과를 가져왔다. 수많은 학생들이 회심했고 그들 중 상당수는 영국 국교회선교연합을 섬기기로 지원하였다. 무디의 영향을 받았던 학생 중 가장 잘 알려진 자들이 바로 '케임브리지 7인

Cambridge Seven'이다.

그 7인은 보샴M. H. Proctor Beauchamp, 카슬William W. Cassels, 호스트Dixon E. Hoste, 터너 형제Arther and Cecil Turner, 스미스Stanley P. Smith, 그리고 무디의 케임브리지 집회를 요청했던 키나스톤 스터드의 동생 찰스 스터드 Charles T. Studd였다. 운동과 사회 활동에 있어 우두머리였던 높은 가문의 이 7인의 우등생들은 허드슨 테일러J. Hudson Taylor에 의해 세워진 중국내지선교회에 지원하였다. 상류층 자녀들이었던 케임브리지 7인이 중국선교사로 결단한 것은 당시 사회적인 화젯거리였다. 이 젊은이들은 잉글랜드와 스코틀랜드 전역을 다니면서 다른 학생들을 선교에 헌신하도록 도전하였고, 그 후 1885년에는 중국선교사역을 위해 출항했다.

다음으로 무디는 옥스퍼드Oxford 대학생들을 대상으로도 집회를 열었나. 케임브리지에서처럼 옥스퍼드에서도 집회 분위기를 흐리게 만든 학생들 때문에 고전을 면치 못했다. 그러나 무디는 그 무리로부터 사과를 받아내는 강수를 두면서 집회를 계속 인도했고, 결국 성공했다. 클래른든 집회실에서 열린 집회에서는 몰려든 학생들 때문에 결국 집회 장소를 시 공회당으로 옮겨야 했다. 설교를 마친 무디는 앞에서부터 세 번째 줄까지 앉은 사람들에게 자리를 비워달라고 한 후 그날 집회를 통해 그리스도를 자신의 구주로 영접한 사람들에게 그 앞으로 나와 무릎을 꿇고 주님께 헌신하는 시간을 갖자고 초청했다. 그러자 앞에서 여섯 번째 줄까지 무릎을 꿇은 학생들로 넘쳐났다. 《크리스천》지의 한 기자는 그날의 일을 다음과 같이 기록했다.

무디 선생 및 여러 전도자들의 집회를 수없이 봐왔지만 우리 기억이 맞다면 이번과 같은 집회는 없었다. 하나님의 권능으로 충만한 가운데 이 땅에 피어나는 지성의 꽃들인 수많은 젊은이가 마치 천국의 바람결에 흔들리는 잘 익은 곡식과 같이 무디 선생의 뜻대로 움직였다. 마음 속으로 '이는 여호와께서 행하신 것이요 우리 눈에 기이한 바로다'라는 시편 118편 23절의 말씀과 같이 경탄하지 않을 수 없는 현장이었다.

　미국으로 돌아온 무디는 프린스턴 대학이나 예일 대학을 비롯한 미국의 유명 대학들을 다니며 말씀을 전했다. 하나님은 무디를 이렇게 미국과 영국의 대학생을 구원하고 깨우는 일에도 크게 사용하시기 시작했고, 마침내 1886년 7월 7일 무디는 YMCA 리더인 위셔드T. Wishard의 도움으로 제1회 기독교 학생 대회Christian Student Conference를 마운트 헐몬 남학교에서 개최했다. 25개 주 80개 대학을 대표하는 250명의 대학생들이 참석했고 이것은 결국 현대 기독교 선교에 가장 강력하게 영향을 미친 학생자원운동의 시발점이 되었다.

성지에서의 휴가

무디는 활동적이고 의욕이 넘치는 기질의 사람이었다. 그래서 그는 사역을 하면서 제대로 쉬어본 적이 없었다. 사역이 진행될수록 더 많은 기관들과 거기에 관련된 회의들이 생기면서 본인이 하루를 온전히 쉬기로 정한 안식일도 거의 지킬 수 없었다.

이런 무디에게 하나님은 그동안 사역의 수고를 내려놓고 쉴 수 있는 기회를 제공해주셨다. 스코틀랜드의 피터 맥키논Peter Mckinnon 씨 부부는 오래 전부터 수차례 무디에게 성지순례를 같이 가자고 초청해왔다. 그때마다 사역 때문에 정중히 거절해온 무디는 1892년 4월에서야 그 초청에 응하게 되었다.

무디는 아내와 둘째 아들 폴을 데리고 로마에서 맥키논 부부와 만났다. 그는 특히 로마에서 아주 즐거운 시간을 보냈다. 왜냐하면 무디는 성경 인물들 중에 바울을 예수님 다음으로 좋아하고 최고의 영웅으로 삼고 있었는데 로마에서 바울과 관련된 많은 유적들을 돌아볼 수 있었기 때문이었다.

예루살렘에 도착한 후 주변 지역의 성지들을 방문하면서 한 주간을 보냈다. 무디는 예루살렘의 거의 모든 성지의 위치가 불확실해서 좀처럼 믿을 수가 없고 또 외형적으로 너무 화려하게 꾸며져 있어서 그다지 좋아하지는 않았다. 그러나 감람산과 언덕 정상에 있는 베다니의 작은 마을은 좋아했고 특히 감람산은 여러 차례 방문했다. 무디는 그곳에서 주님께서 자주 다니셨던 곳 한가운데에 자신이 서 있다는 것을 느낄 수 있었다.

무디가 예루살렘에 도착한 그다음 날이 부활주일이었는데 이때 그는 감람산에서 영국교회선교사협회English Church Missionary Society의 후원으로 많은 무리 앞에서 설교를 하게 되었다. 3백 명 정도의 청중 대부분은 현지인이거나 여행 중인 기독교인들이었다. 그런데 지나가던 유대인들과 이슬람교도들도 호기심으로 모여들었는데 무디는 그들을 보고 어느 때와도 비교할 수 없는 열정을 가지고 설교하기 시작했다. 무디는 눈에 보이는 성경의 여러 장소들을 가리키면서 성경의 이야기들과 자연스럽게 연관시켰다. 무디가 설교를 마무리하면서 모든 그리스도인은 엘리야가 부르짖었을 때 갈멜 산 제단 위에 임했던 불처럼 성령의 불이 자신들의 마음속에 타오르기를 기도해야 한다고 호소했다.

훗날 무디는 자신의 30년간의 설교를 통틀어 그때만큼 하나님에 대한 경외감을 느낀 적이 없다고 말했다. 그래서인지 그 자리에 있던 사람들은 모두 그때의 감동을 잊을 수가 없었다.

예루살렘에 사는 아이들은 무디를 아주 좋아했다. 왜냐하면 그는 다른 관광객들과는 달리 동전을 잘 주었기 때문이었다. 그는 그 지역의 노인들과 대화 나누는 것을 좋아했는데 그것을 통해 무디는 그들의 생활 방식과 정부 조직 등에 대해 많이 알게 되었다.

무디 일행은 팔레스타인 지방을 떠나 이집트로 갔다. 거기에서 피라미드와 다른 유물들을 관광하면서 카이로에서 며칠을 머문 후 이탈리아를 향해 떠났다. 이어지는 5월 한 달 동안 그들은 이탈리아의 나폴리와 피렌체를 거쳐 스위스를 둘러보며 영국으로 돌아왔다. 이렇게 해서 하나님께서 무디에게 선물로 주신 2달간의 뜻 깊은 휴가를 마치게 되었다. 물론 휴가 기간이라고는 하지만 무디는 기회가 될 때마다 로마, 예루살렘, 카이로, 나폴리, 파리 등에서 설교를 했다. 그 후 무디는 개인적인 대화나 예배 시간 때도 성지순례의 추억들을 끊임없이 언급했다. 맥케이 씨는 무디와 함께한 성지순례에 대해 다음과 같이 기록했다.

이리하여 무디 선생과 보낸 3주가 다 지나갔다. 내게는 참으로 은혜로운 경험이었다.

무디는 성지순례 때 본 팔레스타인의 비참한 상태를 안타깝게 여기기도 했지만 이 모든 것이 성경의 예언에 따라 이루어졌다는 것을 믿기 때문에 한편으로는 메시아께서 다시 한 번 감람산에 임하실 때 팔레스타인이 회복될 것을 기쁨으로 소망하고 있다고 말했다.

해상에서 만난 죽음의 위험

성지순례를 마치고 영국으로 돌아온 무디는 런던과 그 근처에서 복음을 증거했고 이어서 8월에는 아일랜드에서 설교를 했다. 그리고 11월 무디는 아들과 함께 미국으로 돌아가기 위해 사우스햄튼에서 출항하여 뉴욕으로 가는 스프리spree호에 탑승했다.

그런데 평화로운 운항을 시작한 지 사흘째 되는 날, 무디가 선실에서 누워 쉬면서 미국에 도착하자마자 참석하게 될 시카고 만국박람회 집회에 대해 생각하고 있던 중 갑자기 엄청난 충돌 소리와 함께 배 전체가 흔들렸다. 아들 윌이 배에 무슨 일이 벌어졌는지 보기 위해 갑판으로 뛰어가더니 금방 돌아와서 소리쳤다.

"아버지, 돛이 부러져서 배가 침몰하고 있어요!"

그 말에 놀라 갑판으로 뛰어나간 무디는 그 말이 사실임을 확인할 수 있었다. 그때 그 배의 선장은 매우 놀라서 갑판으로 나온 승객들에게 곧 상황이 좋아질 것이니 안심하라고 말했다. 그러나 사태는 더욱 심각해져서 승객들은 선실로 차오르는 바닷물로 인해 갑판으로 뛰쳐나왔다. 선장과 항해사를 비롯한 모든 선원은 배를 구하기 위해 필사적으로 모든 방법을 동원하며 노력했다. 그러나 바닷물은 쉴 새 없이 들어왔고 사태는 절망적이었다.

선장은 최후의 수단으로 구명 기구와 비상 식량을 비치한 구명 보드를 대기시켰다. 그러나 오후가 되자 밀려들어 오는 물을 막을 수 있게 되었고 선장은 승객들에게 그 상태로 표류하면서 다른 선박을 만나면 구조받을 가능성이 있을 것이라고 말했다. 그러나 근처를 지나는 배는 나타나지 않은 채 공포의 밤이 되었다.

7백여 명의 승객들은 겁에 질려 아무도 잠을 잘 수가 없었다. 모두가 1등 선실에 모여 공포와 두려움으로 창백해진 얼굴을 서로 쳐다보기만 했다. 구조를 위한 조명탄도 쏘았지만 아무 소용이 없었다. 그렇게 아무런 소망도 없이 주일 아침이 밝았다. 유대교인들, 개신교인들, 천주교인들, 무신론자 할 것 없이 다 모여 있는 승객들 중 아무도 예배를 드리자고 제안하는 사람이 없었다. 그러나 그 주일날 밤 무디가 앞장섰다. 무디는 일행이던 하워드 장군에게 선장에게 가서 예배를 드려도 되는지 허락을 받아달라고 부탁했다. 선장은 이렇게 말했다.

"물론 되고 말고요. 저도 그리스도인으로서 그렇게 하는 것에 동의합니다."

그리하여 승객들에게 예배를 드릴 것이라는 광고를 했는데 무신론자들까지 한 사람도 빠짐 없이 예배를 드리러 왔다. 무디는 흔들리는 배 안에서 자세를 안정시키기 위해 한 팔로는 기둥을 붙잡은 채 시편 91편을 천천히 읽어 내려갔다.

그리고 하나님께 기도하기를 파도를 잠잠케 하시고 안전하게 소망의 항구로 인도해주시길 기도했다. 무디의 마음속에는 특히 11절 말씀이 하나님의 음성으로 크게 다가왔다.

그가 너를 위하여 그의 천사들을 명령하사 네 모든 길에서 너를 지키게 하심이라.

무디는 평소 자신이 죽음에 대해 초월한 삶을 살아왔다고 생각한 것과는 달리 이제는 자신이 소중하게 여기는 가족과 친구들과 동역자들에게 영원히 작별을 고해야 한다는 마음 때문에 공포가 밀려오고 마음이 무너지는 것을 어찌할 수가 없었다.

그런 사실을 참을 수 없었던 무디는 하나님께 기도했다. 바로 그 순간 무디의 심령에는 하늘의 평강이 임하게 되었다. 주를 향한 그의 부르짖음에 하나님은 큰 은혜를 부어주셨다. 그는 자신이 처한 환경과 앞으로 닥치게 될 결과에 상관없이 감사할 수 있는 믿음을 가지게 되었다. 그러고는 침대에 누워 잠이 들었다. 후에 무디는 그날 밤에 대해 이렇게 말했다.

아마 제 평생에 그렇게 달콤하게 자본 적은 없을 겁니다.

나의 영혼 깊은 곳에서 여호와께 부르짖자 주님은 제 기도를 들으시고 제가 가진 모든 두려움에서 저를 건져주셨습니다.

새벽 3시경 아들 윌이 무디의 단잠을 깨웠다. 그들은 멀리서 깜박이는 증기선 레이크 휴런Lake Huron호의 구조 신호를 볼 수 있었다. 결국 사고가 난 지 7일 만에 레이크 휴런호는 스프리호를 끌고 퀸스타운 항에 도착했다. 무디와 승객들 중 아무도 그 순간을 잊지 못할 것이다. 무디는 에트루리아Etruria호를 타고 미국으로 향했고 일주일 후에 뉴욕 항에 무사히 도착했다. 무디가 미국에 도착하자 거대한 환영 인파가 몰려왔고 그가 기차를 타고 마운트 헐몬 역에 도착하여 내리는 순간 3백 명의 학생들이 횃불을 들고 환호성을 지르며 무디를 맞았다.

만국박람회를 통한 복음 전도

무디의 여러 가지 탁월한 자질들 중에 기회를 잘 포착하는 천부적인 자질이 있는데 1893년에 있었던 시카고 만국박람회Chicago Expo 1893 기간을 이용해 복음 전도 캠페인을 계획한 일은 대표적인 사례다. 무디는 시카고 만국박람회를 통해 수개월 전부터 계획하면서 이것은 복음 전파를 위한 '세기적인 기회'라고 말하곤 했다.

무디는 부와 문화와 경건의 도시이면서 동시에 가난과 무지와 범죄의 도시인 시카고에 미국의 모든 주와 모든 마을에서, 그리고 세계 각국에서 수많은 사람들이 몰려드는 장면을 상상하며 그렇게 몰여 올 사람들을 향한 거룩한 부담감을 품고 13개월 동안 박람회 기간의 복음 전도 캠페인을 준비했다. 그는 대서양 한가운데를 향해하던 스프리호에서 겪었던 죽음의 고비에서 자신이 곧 죽을지도 모른다는 생각이 들었을 때 다음과 같은 결심을 했다고 한다.

그 캄캄한 밤에 만일 하나님께서 내 생명을 구하셔서 다시 미국으로 돌아갈 수 있게 하시다면 저는 시카고 만국 박람회장에서 그분이 허락하시는 만큼 온 힘을 다해 복음을 선포하겠다고 하나님께 맹세했습니다.

무디의 이 캠페인에 대한 계획은 간단했다. 6개월의 주어진 기간 동안 기회가 나는 대로 복음만 전하는 것이 그의 계획이었다. 그것을 위해 그는 시카고의 북부에는 무디 자신의 교회인 시카고 애비뉴교회, 서부에는 제일 회중교회 The First Congregational Church, 그리고 남부에는 임마누엘 침례교회 Immanuel Baptist를 집회 장소로 정했고 나중에는 더 많은 교회와 대형 극장 및 텐트까지도 사용하게 되었다.

그는 대형 전도 집회를 비롯해 다양하게 사람들에게 복음을 전하는 방법을 동원했다. 복음 마차 Gospel wagon를 만들어 사람들에게 소책자를 나눠주기도 하고 거기서 설교를 하거나 찬양을 부르기도 했다. 또 특별 분대를 조직해서 밤 10시부터 새벽까지 인근을 배회하는 취객들과 매춘부들에게도 복음을 전했다.

무디는 모든 종류의 복음 집회를 열었다. 남성들을 위한 집회, 부녀자들을 위한 집회, 어린이들을 위한 집회, 술 끊기 집회, 군인들을 위한 집회, 교도소 집회, 야외 집회, 다락방 집회, 찬양 집회, 기도회, 철야 집회, 전일 집회 등이 있었다. 무디의 목표는 바로 세계 각처에서 방문객들이 수천 명씩 몰려드는 가운데 가능한 한 모든 나라와 민족에게 복음을 전하는 것이었다.

무디는 이 집회를 위하여 영국을 비롯하여 각국으로부터 100명 이상의 목사를 강사로 초청하였다. 뿐만 아니라 다른 100명 이상의 시카고 강사들이 도왔으며, 300명의 성서학교 학생들이 개인 전도운동을 전개하였다. 집회는 대성황을 이루었다. 박람회가 시작되기까지 마지막 몇 주를 남겨놓고 있을 때 사역은 절정에 이르고 있었고 무디는 시카고 한가운데에 커다란 홀을 구해서 매일 두 시간씩 낮 집회를 열었다. 평일에 열린 집회 중 최고조를 기록한 날은 시카고의 날Chicago Day인 10월 8일이었다. 캠페인을 마친 후 가진 무디와의 인터뷰를 보면 그가 6개월간의 시카고 만국박람회 복음 캠페인 사역에 스스로 어떻게 평가했는지를 엿볼 수 있다.

> 6개월간의 사역을 통해 거둔 주된 성과는 수백 만의 사람들이 세상에서 가장 능력 있는 설교가들에게서 선포되는 복음을 들었다는 데 있습니다. 명백하게 수천 명의 사람들이 회심하고 그리스도께로 돌아왔으며, 이 나라의 그리스도인들도 보다 깊은 영적 생활을 누리게 되었을 뿐 아니라, 다른 사람들을 구원하는 일에도 각성하여 보다 적극적인 노력을 기울이게 되었습니다.

무디는 이 복음 캠페인에 자신의 모든 것을 쏟아부었고 이 기간의 집회를 통해 무디의 전도운동은 전 세계에 알려지게 되었다. 당시 시카고에서 목회를 하고 있던 프레드릭

캠벨Fredrick Campbell목사는 당시 캠페인에 대해 다음과 같이 썼다.

만국박람회의 전 기간을 통해 볼 때 가장 특색 있었던 것은 무디 선생이 인도한 복음 전도 집회였다. 교회 역사상 이번 사역에 비교할 만한 것은 아마 없을 것이다. 사도들조차도 이런 방식으로 사역이 이루어지는 것을 본 적이 없으니 말이다. 무디 선생의 본거지는 역시 시카고다. 이번에 시카고에서 무디 선생은 모든 일을 엄청난 열정을 가지고 엄청난 규모로 치러냈기 때문이다. 그는 자신이 하나님의 계획을 이루어나가는 데 있어서 하나님의 손에 붙잡힌 가장 비범한 도구임을 다시 한 번 증명했다. 신앙인으로서의 무디는 복음의 정신으로 완전 무장을 했으며 성령으로 충만하게 세례를 받았다. 조직하는 사람으로서의 무디는 장군과도 같아서 사람들을 모으고, 배치하고, 통솔하는 방법이 매우 뛰어나다. 나는 무디가 뭔가를 계획해서 실패하는 것을 본 적이 없다. 무디 선생이 그리스도를 위해 유례없는 일들을 해나가면서 보여주는 담대함은 매번 성공을 보증하는 것과도 같았다. 평범한 설교가라 할지라도 무디가 가진 담대함을 조금이라도 갖춘다면, 보다 위대한 일들을 이룰 수 있을 것이다.

언론은 이 시카고 만국박람회 기간의 복음 캠페인으로 일어난 급격한 부흥의 물결을 '새로운 청교도 운동'이라는 표현을 쓰면서 당시 사회에 미친 엄청난 파장을 묘사했다.

5장

평생 복음을 선포하다

마지막 순간까지 설교하라

1899년 11월 8일, 무디는 그의 마지막 사역이 될 미주리 주 캔자스시티에서의 일주일간의 집회를 인도하기 위해 집을 나섰다. 무디가 캔자스시티에 도착했을 때 이미 그는 평소의 기력과 건강 상태가 아니었다.

그러나 1만 5천 명을 수용할 수 있는 대강당에서의 첫 주일예배 때 몰려드는 사람들로 대강당이 가득 찼다. 따라서 수천 명의 사람들이 안으로 들어갈 수가 없었다. 그래서 그는 집회 기간 오후와 저녁으로 나누어서 설교할 수밖에 없었다.

11월 16일 금요일, 마지막 날 저녁 집회에서 무디는 누가복음 14장 16~24절의 본문을 가지고 '변명'이라는 제목으로 설교를 했다. 무디는 그것이 자신의 마지막 설교가 될 것임을 이미 알고 있었기에 더욱더 절박한 심정으로 대중 앞에서 설교했다.

오늘 밤 우리가 이런 변명의 편지를 쓴다면 과연 어떤 느낌일까요? '하나님께, 저는 오늘 1899년 11월 16일 캔자스 시민회관에 앉아 있을 때 당신의 한 종에게서 독생자의 만찬에 참석해달라는 매우 간곡한 초청을 받았습니다. 그러나 제가 참석하지 못하는 것을 용서해주시기 바랍니다.' 형제들이여, 그리고 저기 어머님들이시여, 어떻게 하실 겁니까? 그 편지를 쓴 사람의 책상에 가서 펜을 집어들고 이와 같은 변명의 편지에 서명하시겠습니까? 여러분은 하나님의 초청을 무시하실 겁니까? 제가 다른 편지를 써보겠습니다. '하나님께, 저는 오늘 1899년 11월 16일 캔자스 시민 회관에 앉아 있을 때 당신의 한 종에게서 독생자의 만찬에 참석해달라는 매우 간곡한 초청을 받았습니다. 하나님의 은혜로 저는 그곳에 참석할 것입니다.' 여러분 중 어느 분이 이 같은 서한에 서명을 하시겠습니까? 거기에 서명하실 분이 여기 계십니까? '하나님의 은혜로 제가 지금 그 초청에 응하겠습니다'라고 말씀하실 분이 안 계십니까?

그날 저녁 집회 후의 상담실은 초만원이었다. 그러나 무디는 너무나 기력이 없어서 상담실로 오지 못했다. 무디를 돌보던 의사 샤우플러Schauffler 박사는 당상 사역을 포기하고 집에서 쉬도록 조언했다. 그렇게 해서 집으로 돌아온 무디의 건강은 점점 나빠졌다.

무디의 건강이 악화된 직접적인 원인은 몸에 지방이 많아져서 심장 기능이 약화되었기 때문이었다. 쉬면서 몸이 점차 좋아지는 듯하다가 12월 21일부터 다시 급격하게 몸 상태가 악화되었다. 그는 온 가족의 간호 속에 다음 날을 맞이했다.

오전에 잠에서 깬 무디는 가족들을 향해 말하기 시작했다. 아내를 바라보며 그는 말했다.

"여보, 당신은 훌륭한 아내였소."

그는 계속해서 자신이 이 땅에 남기고 가는 사업에 대해 말했는데, 두 아들에게는 노스필드 학교를, 딸과 사위에게는 시카고 성경 연구소를 맡겼다.

"나는 너희들이 일해야 할 일터를 남긴 후에 이 땅을 떠나고 싶다는 소망을 가지고 살았단다. 너희들은 마운트 헐몬 학교에서 일을 해야 할 게다. 폴은 어느 정도 나이가 들면 신학교를 인수하게 될 것이고, 피트는 연구소를 돌보는 일을 하거라. 그리고 앰버트(조카)가 세부적인 일을 하며 도와줄 거야."

무디는 죽음을 향해 점점 다가가면서 이렇게 말했다.

"이것은 꿈이 아니야. 참으로 아름답고 황홀하구나. 이런 것이 죽음이라면, 죽음은 달콤한 거야. 이곳에는 골짜기가 없어. 하나님이 나를 부르고 계신다. 그러니 나는 가야만 해. 되돌아오라고 나를 부르지 마."

정오가 되기 직전 혼수상태에 빠진 무디에게 니트로글리세린nitroglycerin 피하 주사를 놓기 위해 가까이 간 의사는 무디의 생명이 살아날 수 없음을 알고는 주사를 놓지 않았다. 잠시 후 무디는 더욱 심한 혼수상태에 빠졌고, 결국

1899년 12월 22일 62세의 나이에 그는 고요하고 평화로운 모습으로 영원한 안식에 들어갔다.

위대한 설교자의 부고

1899년 12월 26일에 치러진 무디의 장례식에는 교파를 초월하여 다양한 사람들이 참석했다. 채프만, 스코필드 등 복음주의 교회의 유명 인사들과 비즈니스계의 유명 인사들 그리고 노스필드와 마운트 헐몬 학교의 학생들, 생키를 비롯한 많은 동네 주민들로 교회당이 꽉 찼다.

장례식장에 참석한 사람들을 대표해서 몇 사람이 조문을 낭독했는데 그중 피어슨A. T. Pierson 목사님은 다음과 같은 조문을 낭독했다.

큰 나무가 쓰러질 때 그 나무의 크기가 얼마나 되는지는 나뭇가지뿐 아니라 그 뿌리와 쓰러지면서 퍼올린 흙의 양을 보고 알 수 있습니다. 금세기에 쓰러진 사람들 중 이제 막 우리 곁을 떠난 친구보다 더 큰 흔적을 남기며 쓰러진 사람은 없을 것입니다. 지난 반세기 동안 세상을 떠난 사람들 중 네 사람이 떠오르는군요. 그분들은 바로 런던의 찰스 스펄전, 보스턴의 고든, 구세군의 어머니 캐서린 부스, 그리고 영국 브리스틀 지방의 조지 뮬러입니다. 그러나 이들 중 어느 누구도 드와이트 L. 무디보다 광범위하게 세상에 영향을 미치지는 못했습니다.

생애 연보

1837	2월 5일, 미국 매사추세츠 노스필드에서 태어나다.
1855	보스턴에서 그리스도인으로 회심하다.
1856	마운트 버논 회중교회에 출석하다.
	시카고로 이사해서 구두 상인으로 계속 일하다.
1858	시카고에서 노스 마켓 주일학교를 시작하다.
1860	사업을 정리하고 YMCA 사역을 시작하다.
1861~65	남북전쟁 기간 동안 군인들을 대상으로 사역하다.
1862	8월 28일, 엠마와 결혼하다.
1863~66	일리노이 스트리트 교회를 개척하고 목양하다.
1866	파월 홀 건물 설립을 돕고, YMCA 대표를 맡다.
1867	영국을 처음으로 방문하여 조지 뮬러와 찰스 스펄전을 만나다.
1870	인디애나 주 인디애나폴리스에서 열린 YMCA 집회에서 평생의 동역자, 생키를 만나다.
1871	시카고 대화재로 집과 교회와 파월 홀이 불타다.
1872	영국을 두 번째 방문하다.
1873	찬양집 《성가와 독창곡》을 출판하다.

1873~75	영국에서 첫 번째 부흥 운동이 일어나다.
1875	매사추세츠의 노스필드에 집을 사다.
1875	뉴욕에서 첫 번째 미국 부흥 집회를 열다.
1876~77	시카고와 보스턴에서의 부흥 운동을 주도하다.
1877~78	미국 동북부의 뉴잉글랜드 도시들에서 가을과 겨울 집회를 인도하다.
1878~79	메릴랜드와 볼티모어에서 집회를 열다.
1879	노스필드 여자신학교를 설립하다.
1879~80	미주리 주 세인트루이스에서 6개월간 집회를 갖다.
1881	마운트 헐몬 남자학교를 설립하다.
1882~84	영국에서 두 번째 부흥 운동이 일어나다.
1886	시카고 복음전도회 설립 인가를 받다.
1891~92	영국에서 세 번째 부흥 운동이 일어나다.
1893	시카고 만국박람회에서 복음 전도 운동을 펼치다.
1894	시카고에서 성경학교 문서선교회를 시작하다.
1895	조지아 주 애틀랜타에서 가을 부흥 집회를 열다.
1897	1월부터 2월까지 보스턴 집회를 열다.

1899　　　11월 16일, 미주리 주 캔자스시티에서의 공식적인
　　　　　마지막 예배를 드리다.
　　　　　12월 22일, 노스필드 자택에서 소천하다.

참고문헌

- S. N. 군드리, 이희숙 역, 《무디의 생애와 신학》, 생명의말씀사, 1985.
- D. E. 디머레이, 나용화 역, 《강단의 거성들》, 생명의말씀사, 1976.
- E. S. 모이어, 곽안전심재원 공역, 《인물중심의 교회사》, 대한기독교서회, 1975.
- D. L. 무디, 차한 역, 《하나님께 가는 길》, 라온누리, 2008.
- D. L. 무디, 장윤종 역, 《네가 어디 있느냐》, 엘맨, 2002.
- W. R. 무디, 이상준 역, 《D. L. 무디 (상), (하)》, 두란노, 1997.
- 박종구, 《무디 선생의 생애》, 신망애, 1976.
- D. 베네트, 김경열 역, 《역사상 가장 위대한 부흥사 D. L. 무디》, 기독신문사, 2001.
- R. A. 토레이, 유정희 역, 《왜 무디인가?》, 생명의말씀사, 2004.
- A. P. 피트, 서종대 역, 《무디의 생애》, 2판, 생명의말씀사, 2002.
- Dorsett, L. W. A Passion for Souls: The Life of D. L. Moody. Chicago: Moody Press, 1997.

믿음의 거장 시리즈

기독교 역사를 바꾼 영적 거장의 생애를 읽는다!

설교, 목회, 신학, 기도, 선교, 영성 각 분야에서 하나님께 쓰임받은 신앙 위인들의 삶을 차례로 조명해 본다. 생애에 드러난 감동적인 이야기와 구속사적 역사관에 근거한 내용 전개로 독자들에게 영적 도전을 줄 것이다. 평신도와 신학생, 목회자에 이르기까지 누구나 쉽게 읽을 수 있다.

01 장 칼뱅 송삼용 지음 | 4×6판 변형 양장 | 160쪽 | 7,000원
세상과 타협하지 않는 개혁자이자 성도의 영혼을 돌보는 목회자로, 경건함의 본이 된 사람

02 찰스 스펄전 송삼용 지음 | 4×6판 변형 양장 | 160쪽 | 7,000원
천부적 재능을 소유한 설교자로, 영국을 복음으로 일으키고 세기적 부흥을 주도한 목회자

03 조지 뮬러 송삼용 지음 | 4×6판 변형 양장 | 164쪽 | 7,000원
수많은 고아의 아버지이자, 하나님을 위해 자신의 모든 것을 철저하게 포기한 기도의 사람

04 조지 휘트필드 송삼용 지음 | 4×6판 변형 양장 | 164쪽 | 7,000원
들불처럼 강인한 최초 야외 설교자로, 모든 교파를 초월하고 한 시대를 움직인 강한 목회자

05 데이비드 브레이너드 송삼용 지음 | 4×6판 변형 양장 | 160쪽 | 7,000원
인디언을 위해 일생을 바친 설교자로, 뼈가 부서지는 순간까지 은혜의 씨앗을 뿌린 목회자

06 조나단 에드워즈 송삼용 지음 | 4×6판 변형 양장 | 164쪽 | 7,000원
한평생 하나님의 능력에 사로잡혀 신학을 집대성한 미국 최고의 신학자이자 대부흥사

07 로버트 맥체인 송삼용 지음 | 4×6판 변형 양장 | 164쪽 | 7,000원
그리스도를 본받아 온전히 순종하는 삶과 경건한 삶의 본을 보여준, 영혼을 울린 설교자

08 존 오웬 송삼용 지음 | 4×6판 변형 양장 | 160쪽 | 7,000원
천부적인 지성과 탁월한 영성을 바탕으로 가장 방대한 저서를 완성한 청교도 신학자

09 윌리엄 캐리 송삼용 지음 | 4×6판 변형 양장 | 164쪽 | 7,000원
인도에서 활동한 영국 침례교 선교사로, 성경 번역에 앞장선 개신교 현대 선교의 아버지

10 허드슨 테일러 송삼용 지음 | 4×6판 변형 양장 | 164쪽 | 7,000원
중국을 품은 선교사로, 오직 중국 선교를 위해 치열하게 헌신하면서 복음을 전한 사람

11 길선주 김학중 지음 | 4×6판 변형 양장 | 152쪽 | 7,000원
독립운동가이자 교육가로, 한국 교회의 기초를 다지고 부흥의 바람을 일으킨 주역

12 주기철 김학중 지음 | 4×6판 변형 양장 | 152쪽 | 7,000원
흔들리지 않는 굳건하고 담대한 믿음으로, 목숨 걸고 하나님의 명령을 지킨 순교자

13 손양원 김학중 지음 | 4×6판 변형 양장 | 152쪽 | 7,000원
원수를 양자로 삼아 예수님의 사랑을 실천하고, 나환자들의 영혼을 돌본 믿음의 사람

14 장기려 김학중 지음 | 4×6판 변형 양장 | 152쪽 | 7,000원
약하고 불쌍한 이들을 위해 평생을 바쳐 봉사하며 버팀목이 되어준 한국의 슈바이처

15 조만식 김학중 지음 | 4×6판 변형 양장 | 152쪽 | 7,000원
민족의 십자가를 지고 독립운동과 민족 통일 운동에 힘쓴 기독교계의 중진, 한국의 간디

16 드와이트 무디 김학중 지음 | 4×6판 변형 양장 | 152쪽 | 7,000원
미국 침례교의 평신도 설교자로, 어린이와 청년, 군인에게까지 사랑받은 감성적인 사람

17 어거스틴 김학중 지음 | 4×6판 변형 양장 | 160쪽 내외 | 7,000원
고대 신플라톤주의 철학과 기독교를 결합하여 중세 사상계에 영향을 준 교부 철학의 성자

18 마르틴 루터 김학중 지음 | 4×6판 변형 양장 | 160쪽 내외 | 7,000원
부패한 로마 가톨릭 교회에 대항해 은혜를 통한 구원과 성서의 권위를 강조한 종교개혁자

19 존 웨슬리 김학중 지음 | 4×6판 변형 양장 | 160쪽 내외 | 7,000원
위대한 전도자이자 신학자로, 복음 전파에 초인적으로 헌신하고 복음 해석에 기여한 사람

20 데이비드 리빙스턴 김학중 지음 | 4×6판 변형 양장 | 160쪽 내외 | 7,000원
아프리카를 개척한 선교사로, 아프리카 오지 깊숙한 곳에서 그들을 위해 헌신한 사람